LE GUIDE DU MANAGER 2024

LE DROIT DU TRAVAIL POUR RÉPONDRE À VOS ÉQUIPES AU QUOTIDIEN

Lefebvre Dalloz

EDITIONS LEGISLATIVES

Pour nous contacter :
ÉDITIONS LÉGISLATIVES – Tour Lefebvre Dalloz – 10 place des Vosges 92400 Courbevoie
Tel : 01 40 92 36 36 – Fax : 01 40 92 37 40
www.editions-legislatives.fr

ISBN : 978-2-85086-522-0

Composition : Éditions Législatives

Édito

Managers

ce guide vous est destiné

Chaque jour, vous êtes sollicités de toutes parts, par votre hiérarchie, les clients, vos fournisseurs et aussi par votre équipe.

Parmi ces sollicitations quotidiennes multiples et variées, figurent celles qui ont trait au droit du travail. Et il n'est pas toujours aisé d'y répondre : que faire face aux absences répétées d'un salarié, pouvez-vous le remplacer, refuser telle demande de congé ou de télétravail, comment réagir face à l'altercation entre deux collègues, cette faute justifie-t-elle une sanction et si oui laquelle, que répondre à un représentant du personnel qui vous interroge sur ses heures de délégation… ?

Ce guide nous l'avons conçu comme une aide au quotidien. Son objet n'est pas de faire de vous un spécialiste de la législation du travail ou de remplacer votre référent ressources humaines. Il est de vous aider à répondre aux questions pratiques que vous pose chaque jour ou presque votre équipe sur l'application du droit du travail.

Les treize chapitres qu'il comporte abordent la plupart des situations concrètes auxquelles vous êtes susceptibles d'être confrontés, de l'embauche au licenciement, en passant par la gestion des congés, les diverses hypothèses d'absences (congés, maladie, maternité), les demandes de formation, le télétravail qui a pris de l'ampleur avec la crise sanitaire, les entretiens que vous devez conduire. Ce guide répond également aux questions sur la rémunération ou le temps de travail, sans oublier les situations soulevant des problèmes de discipline ou, pire, révélant des cas de harcèlement ou de discrimination.

Nous espérons que ce guide vous apportera les réponses que vous attendiez.

Dominique LE ROUX
Directeur de la rédaction sociale
Lefebvre-Dalloz

Les éléments clés de la gestion du personnel

La période d'essai

Vous embauchez en contrat à durée indéterminée (CDI) :

Durée de la période d'essai		
Catégorie professionnelle	Durée maximale de la période initiale	Durée maximale renouvellement compris (1)
Ouvriers, employés	2 mois	4 mois
Techniciens, agents de maîtrise	3 mois	6 mois
Cadres	4 mois	8 mois
(1) *Sous réserve que la possibilité de renouvellement soit prévue par convention ou accord de branche étendu et par le contrat de travail*		

Délai de prévenance en cas de rupture de l'essai		
Durée de présence du salarié	Si l'employeur rompt l'essai	Si le salarié rompt l'essai
Moins de 8 jours	24 h	24 h
Entre 8 jours et 1 mois	48 h	48 h
Entre 1 et 3 mois	2 semaines	
Plus de 3 mois	1 mois	

Vous embauchez en contrat à durée déterminée (CDD) :

Durée de la période d'essai	
CDD de moins de 6 mois	1 jour par semaine dans la limite de 2 semaines
CDD de 6 mois et plus	1 mois

Délai de prévenance en cas de rupture de l'essai		
Durée de l'essai	Si l'employeur rompt l'essai	Si le salarié rompt l'essai
Moins de 8 jours	–	–
Entre 8 jours et 1 mois	48 h	–

Durée du préavis en cas de licenciement (1)

Ancienneté dans l'entreprise	Ouvriers, employés	Techniciens, agents de maîtrise	Cadres
Moins de 6 mois	-	-	-
De 6 mois à 2 ans	1 mois	1 mois	1 mois
2 ans et plus	2 mois	2 mois	2 mois
(1) *Hors faute grave ou lourde du salarié*			

Les congés

Congés payés .... 30 / 25 jours ouvrables/ouvrés

Congés exceptionnels (durée légale) :

– Mariage, pacs du salarié .... 4 jours
– Mariage d'un enfant .... 1 jour
– Naissance ou adoption d'un enfant .... 3 jours
– Congé pathologique .... 2 semaines
– Congé de maternité (1er ou 2e enfant) .... 16 semaines
– Congé de maternité (3e enfant et plus) .... 26 semaines
– Congé de maternité (jumeaux) .... 34 semaines
– Congé de maternité (triplés) .... 46 semaines
– Congé de paternité pour la naissance d'un enfant .... 25 jours
– Congé de paternité en cas de naissances multiples .... 32 jours
– Congé d'adoption .... 16 semaines
– Congé d'adoption (salariés ayant déjà 2 enfants à charge) .... 18 semaines
– Congé d'adoption (si adoptions multiples) .... 22 semaines
– Décès d'un enfant de 25 ans et plus .... 5 jours
– Décès d'un enfant ou d'une personne à charge de moins de 25 ans .... 7 jours
– Décès d'un enfant lui-même parent (quel que soit son âge) .... 7 jours
– Congé de deuil (suite au décès d'un enfant de moins de 25 ans) .... 8 jours
– Décès du conjoint ou du partenaire pacsé, du concubin, des parents ou beaux-parents, du frère ou de la sœur .... 3 jours
– Annonce de la survenue d'un handicap, d'une pathologie chronique nécessitant un apprentissage thérapeutique ou d'un cancer chez un enfant .... 2 jours
– Congé pour un enfant malade âgé de 1 à 16 ans .... 3 jours
– Congé pour un enfant malade de moins d'un an ou si le salarié assume la charge de trois enfants ou plus âgés de moins de seize ans .... 5 jours

La durée du travail

Durée collective de l'entreprise .... 35 heures
Contingent annuel d'heures supplémentaires .... 220 heures
Durée maximale quotidienne .... 10 heures
Durée maximale hebdomadaire .... 48 heures
Durée minimale temps partiel .... 24 heures
Durée du forfait annuel en jours .... 218 jours

Les heures de délégation des représentants du personnel

Nature du mandat	Nombre d'heures de délégation par mois
Membre titulaire du comité social et économique	10 h minimum si entreprise ≥ 11 et < 50 16 h minimum si entreprise ≥ 50 salariés en présence d'un accord collectif 18 h minimum en l'absence d'accord collectif
Délégué syndical	12 h si entreprise ≥ 50 et ≤ 150 salariés 18 h si entreprise > 150 et ≤ 500 salariés 24 h si entreprise > 500 salariés
Représentant de la section syndicale	4 h

Sommaire

Partie 1 **Recruter et accueillir un nouveau collaborateur** 9

Chapitre 1 - Conclure un CDD ou un contrat d'intérim 12
Chapitre 2 - Prendre un stagiaire 16
Chapitre 3 - Accueillir un nouveau collaborateur 19
Chapitre 4 - Gérer la période d'essai 20

Partie 2 **Former et faire évoluer vos salariés** 23

Chapitre 1 - Connaître les principaux dispositifs de formation 25
Chapitre 2 - Veillez à la formation de votre équipe 26
Chapitre 3 - Gérer l'utilisation du CPF 27
Chapitre 4 - Utiliser le dispositif Pro A de reconversion par l'alternance 31
Chapitre 5 - Répondre à un projet de bilan de compétences 32

Partie 3 **Les entretiens à mener** 33

Chapitre 1 - L'entretien annuel d'appréciation (EAA) 35
Chapitre 2 - L'entretien forfait jours 38
Chapitre 3 - L'entretien professionnel 40
Chapitre 4 - L'entretien de mobilité et de recrutement 41
Chapitre 5 - L'entretien de recadrage 45

Partie 4 **Le télétravail et le management à distance de votre équipe** 49

Chapitre 1 - Le télétravail 51
Chapitre 2 - Les droits du télétravailleur 54
Chapitre 3 - Encadrer une équipe en télétravail 56

Partie 5 **Connaître les éléments de la rémunération** 59

Chapitre 1 - Le salaire et ses composantes 61
Chapitre 2 - Les augmentations annuelles 62
Chapitre 3 - Respecter l'égalité salariale 63
Chapitre 4 - Les primes 65
Chapitre 5 - Les frais professionnels 67

Partie 6 **Optimiser le temps de travail** 69

Chapitre 1 - Les horaires de travail 71
Chapitre 2 - Les heures supplémentaires 72
Chapitre 3 - Le forfait jours 74
Chapitre 4 - Le forfait annuel en heures 76
Chapitre 5 - Le temps partiel 77
Chapitre 6 - Travailler pendant un jour de repos 79

Partie 7 **Traiter les demandes de congés** 81
Chapitre 1 - Organiser les départs en congés payés 83
Chapitre 2 - Gérer les absences ou congés pour raisons familiales 86
Chapitre 3 - Organiser le retour d'un congé maternité ou d'un congé parental 89

Partie 8 **Gérer les absences liées à l'état de santé** 93
Chapitre 1 - Faire face à l'absence pour maladie 95
Chapitre 2 - Faire face à l'inaptitude 98

Partie 9 **Veiller à la santé et à la sécurité des salariés** 101
Chapitre 1 - À quoi engage une délégation de pouvoirs ? 103
Chapitre 2 - L'obligation de sécurité de l'employeur 104
Chapitre 3 - Que faire en cas d'accident du travail ou de trajet ? 106
Chapitre 4 - Que faire lorsqu'un salarié exerce son droit de retrait ou son devoir d'alerte ? 108

Partie 10 **Réagir à une situation de harcèlement** 111
Chapitre 1 - Quand commence le harcèlement 113
Chapitre 2 - Prévenir le harcèlement 115
Chapitre 3 - Les premiers réflexes face à un salarié qui se plaint de harcèlement 117
Chapitre 4 - Le harcèlement est avéré : les décisions à prendre 118

Partie 11 **Contrôler et sanctionner les salariés** 121
Chapitre 1 - Prononcer une sanction 123
Chapitre 2 - Faire face à un problème d'addiction 125
Chapitre 3 - Sanctionner les absences injustifiées 127
Chapitre 4 - Réagir à des violences physiques ou verbales 129
Chapitre 5 - Contrôler l'utilisation de l'ordinateur et du téléphone du salarié 131
Chapitre 6 - Imposer ou interdire une tenue vestimentaire 132

Partie 12 **Un représentant du personnel dans votre équipe** 135
Chapitre 1 - Gérer les heures de délégation du salarié protégé 137
Chapitre 2 - Faire passer l'entretien annuel à un représentant du personnel 139
Chapitre 3 - Salarié protégé, un statut particulier 142
Chapitre 4 - Liberté de circulation des représentants du personnel 145

Partie 13 **Maîtriser les différents modes de rupture du CDI** 147
Chapitre 1 - Maîtriser les différents modes de rupture du CDI 149
Chapitre 2 - Connaître les principaux motifs de licenciement 150
Chapitre 3 - Se voir remettre ou présumer une démission 154
Chapitre 4 - Comprendre la prise d'acte de la rupture 157
Chapitre 5 - Envisager une rupture conventionnelle 159

Partie 1

Recruter et accueillir un nouveau collaborateur

Je recrute pour

	Un besoin permanent	Un besoin temporaire	
	CDI	**CDD**	**CTT** (contrat de travail temporaire)
Objet du contrat	Pourvoir un nouvel emploi ou une vacance de poste dans la durée	Gérer un besoin ponctuel sans augmenter l'effectif permanent de l'entreprise	
Cas de recours	Aucun	Contrat conclu pour une durée limitée dans les cas autorisés par la loi (remplacement, accroissement temporaire d'activité, emplois saisonniers, emplois temporaires d'usage)	
Durée du contrat	Sans limitation de durée	De date à date (terme précis) ou pour une durée minimale (terme imprécis) Possibilités de renouvellement et de successions strictement encadrées par la loi	
Durée du travail	Temps complet ou temps partiel		
Prise en compte dans les effectifs	Oui (au prorata si temps partiel)	Oui au prorata du temps de présence dans l'entreprise	Oui au prorata du temps de présence dans l'entreprise
Fin de contrat	Licenciement pour motif personnel ou raisons économiques Rupture conventionnelle Démission du salarié Prise d'acte de la rupture Départ ou mise à la retraite du salarié Force majeure Résiliation judiciaire	Échéance du terme du contrat Rupture anticipée si : - faute grave du salarié ou de l'employeur - force majeure - accord des parties - embauche du salarié sous CDI - inaptitude du salarié	Échéance du terme du contrat Rupture anticipée si : - faute grave du salarié - force majeure - embauche en CDI
Coût de la rupture	Indemnité compensatrice de congés payés Indemnité de licenciement en fonction de l'ancienneté du salarié	Indemnité de précarité de 10 % sauf exceptions et indemnité compensatrice de congés payés Contribution supplémentaire de 1% (sur salaires bruts des CDD) pour financer l'accès des CDD au CPF de transition professionnelle	Indemnité de fin de mission de 10 % sauf exceptions et indemnité compensatrice de congés payés Coût de la prestation de service due à l'ETT

Je recrute

pour former

	Contrat d'apprentissage (formation initiale)	Contrat de professionnalisation (formation continue)	Stage
Bénéficiaires	Jeunes d'au moins 16 ans et d'au plus 29 ans	Jeunes de 16 à moins de 26 ans sans qualification professionnelle et demandeurs d'emploi de 26 ans et plus	Jeunes en cours de cursus scolaire ou universitaire
Forme et durée du contrat	CDD ou CDI (durée de l'apprentissage variant entre 6 mois et 3 ans)	CDD de 6 à 12 mois (24 mois dans certains cas) ou CDI	Convention de stage de 6 mois maxi
Formation	Pour partie en entreprise avec un maître d'apprentissage et pour partie en CFA	Formation théorique (en externe ou en interne) alternée avec des séquences pratiques dans l'entreprise	Formation théorique par l'établissement d'enseignement Dans l'entreprise d'accueil, désignation d'un tuteur pour accompagner le jeune
Prise en compte dans les effectifs	Non Sauf tarification AT	Non Sauf tarification AT	Non
Rémunération	Fixée en % du SMIC	Fixée en % du SMIC	Gratification minimale au-delà de 2 mois de stage
Aides financières	Aide financière de l'État Exonération de charges sociales suivant effectif de l'entreprise	Aide financière de l'État Exonération possible de certaines charges sociales	Non Exonération de charges sociales dans certaines limites

Chapitre 1

Conclure un CDD ou un contrat d'intérim

1. Quand et comment conclure un CDD ou un contrat de travail temporaire ?

Si vous avez un besoin temporaire et précis, vous pouvez conclure un CDD ou un contrat de travail temporaire dans les cas énumérés par le code du travail.

Mais aucun de ces deux contrats ne peut servir :

- à pourvoir durablement un emploi lié à l'activité normale et permanente de l'entreprise (risque de requalification en CDI) ;
- à remplacer un salarié gréviste ;
- à faire effectuer des travaux particulièrement dangereux, comportant notamment une exposition à des produits nocifs ;
- à pourvoir un poste pour accroissement temporaire d'activité alors que l'entreprise a procédé à un licenciement économique moins de 6 mois auparavant (sauf si la durée totale du contrat n'excède pas 3 mois) ;

Le tableau ci-après présente les cas de recours communs au CDD et au travail temporaire les plus souvent utilisés (remplacement, accroissement temporaire d'activité, travaux temporaires par nature), leur durée et leurs possibilités de renouvellement.

Remarque : ce tableau récapitule les durées légales. Vérifiez auprès de votre service RH que l'accord de branche appliqué par votre entreprise ne prévoit pas des durées différentes.

<table>
<tr><th colspan="4">Je dois faire effectuer des travaux temporaires par nature</th></tr>
<tr><th></th><th>Terme et renouvellement</th><th>Durée minimale</th><th>Durée maximale</th></tr>
<tr><td rowspan="2">emplois saisonniers</td><td rowspan="2">précis (date à date) renouvelable 2 fois ou imprécis (non renouvelable)</td><td>non</td><td>8 mois</td></tr>
<tr><td>oui</td><td>fin de la saison</td></tr>
<tr><td rowspan="2">emplois temporaires d'usage</td><td rowspan="2">précis (date à date) renouvelable 2 fois ou imprécis (non renouvelable)</td><td>non</td><td>pas de limitation légale chiffrée</td></tr>
<tr><td>oui</td><td>fin déterminée par l'usage</td></tr>
</table>

Je dois remplacer un salarié			
	Terme et renouvellement	Durée minimale	Durée maximale
absent temporairement pour toute autre cause que la grève	précis (date à date) renouvelable 2 fois ou imprécis (non renouvelable)	non	18 mois (24 mois si exécution à l'étranger)
		oui (durée prévisible de l'absence)	retour du salarié absent
quittant définitivement l'entreprise avant la suppression de son poste sous 24 mois	précis (date à date) renouvelable 2 fois	non	24 mois
embauché en CDI mais qui n'est pas encore entré en poste	précis (date à date) renouvelable 2 fois ou imprécis (non renouvelable)	non	9 mois (24 mois si à l'étranger)
		oui	arrivée effective du salarié en CDI (maxi 9 mois)
passé provisoirement à temps partiel	précis (date à date) renouvelable 2 fois	non	18 mois (24 mois à l'étranger)

Je dois faire face à un accroissement temporaire d'activité			
	Terme et renouvellement	Durée minimale	Durée maximale
tâche occasionnelle et hors activité normale (1)	précis (date à date) renouvelable 2 fois	non	18 mois (24 mois à l'étranger)
commande exceptionnelle à l'exportation (entreprise principale et sous-traitants)	précis (date à date) renouvelable 2 fois	6 mois	24 mois
travaux urgents pour mesures de sécurité (1)	précis (date à date) renouvelable 2 fois	non	9 mois (24 mois à l'étranger)
autres cas d'accroissement temporaire d'activité (1)	précis (date à date) renouvelable 2 fois	non	18 mois (24 mois à l'étranger)

(1) Si vous avez procédé à un licenciement économique dans le semestre précédent, vous ne pouvez conclure, en raison d'un accroissement temporaire d'activité, que des CDD de moins de 3 mois sur les postes concernés par ce licenciement.

1. Quel statut pour les CDD et les intérimaires ?

La rémunération des salariés en CDD et des intérimaires doit être au moins égale à celle que percevrait, après période d'essai, un autre salarié de l'entreprise, en CDI, de qualification équivalente et occupant le même poste.

Ils bénéficient des moyens de transport et de restauration, des installations sanitaires (douches, vestiaires...) mises à la disposition du personnel permanent de l'entreprise.

Les travailleurs temporaires doivent respecter les règles relatives à la durée du travail, au repos hebdomadaire, aux jours fériés, à la santé, à la sécurité et aux conditions de travail applicables dans votre entreprise.

Remarque : le travailleur temporaire n'est pas salarié de votre entreprise mais salarié de l'entreprise de travail temporaire (ETT) qui le met à votre disposition. Aucun contrat de travail ne le lie à vous et c'est l'ETT qui le rémunère. En revanche, un contrat commercial (contrat de mise à disposition) doit être signé entre l'ETT et l'entreprise utilisatrice.
? Renseignez-vous auprès de votre service RH.

Vous pouvez prévoir une période d'essai dans un CDD comme dans un contrat de mission (voir « Éléments clés », page 4).

2. Verser l'indemnité de fin de contrat

Au terme de leur contrat, les salariés en CDD et les travailleurs temporaires bénéficient d'une indemnité de fin de contrat égale à 10 % de la rémunération totale brute qui leur a été versée au cours de ce contrat.

Vous n'avez pas à verser cette indemnité si le salarié est embauché en CDI dans votre entreprise à l'issue de son CDD ou de son contrat d'intérim, s'il rompt son contrat avant son terme, ou s'il refuse le CDI que vous lui avez proposé sur le même poste ou sur un poste similaire. De même, elle n'est pas due lorsque le CDD ou le contrat d'intérim est conclu avec un jeune pendant ses vacances scolaires ou universitaires (job d'été), ni en cas de faute grave du salarié ou de force majeure, ni en cas de rupture pendant la période d'essai.

Les contrats conclus au titre des emplois saisonniers et des emplois temporaires d'usage sont exonérés d'indemnité de fin de contrat.

Remarque : pour les CDD, le taux de 10 % peut être ramené à 6 % par accord collectif si le salarié a pu bénéficier d'actions de formation clairement identifiées.

3. Envisager une rupture anticipée

Vous pouvez rompre un CDD avant son terme seulement dans les cas suivants : si le salarié a trouvé un autre emploi en CDI, si le salarié et l'employeur sont d'accord, en cas de faute grave de l'employeur ou du salarié, pour force majeure et inaptitude du salarié constatée par le médecin du travail.

En dehors de ces cas, vous ne pouvez pas rompre le CDD avant son terme. À défaut, vous vous exposez à devoir verser au salarié un montant au moins égal aux rémunérations qu'il aurait dû percevoir s'il avait travaillé jusqu'au terme du contrat.

Remarque : seules la faute grave du salarié, la force majeure et l'embauche en CDI autorisent la rupture anticipée du contrat de mission du travailleur temporaire.

Il y a rupture anticipée si la rupture intervient :

- avant le terme initialement fixé pour les contrats de date à date. Lorsque le contrat a été renouvelé, il y a aussi rupture anticipée si celle-ci a lieu avant la fin du renouvellement ;
- avant la fin de la période minimale ou la réalisation de l'objet pour les contrats sans terme précis.

4. Vos possibilités de succession de contrats

Lorsqu'un CDD prend fin, vous ne pouvez pas recourir, pour pourvoir le même poste de travail, à un nouveau CDD ni à un nouveau contrat de mission avant l'expiration d'un délai de carence égal :

- au tiers de la durée du contrat initial (renouvellement inclus) si cette durée est au moins égale à 14 jours ;
- à la moitié de la durée du contrat initial (renouvellement inclus) si cette durée est inférieure à 14 jours.

Ce délai de carence entre 2 contrats successifs sur le même poste s'applique que le nouveau contrat soit conclu avec le même salarié ou avec un autre.

Remarque : conclure un nouveau contrat sans respecter de délai de carence vous expose à des sanctions pénales et à une requalification du contrat en CDI.

Toutefois, vous n'avez pas de délai de carence à respecter lorsque le contrat est conclu dans les cas suivants : nouvelle absence du salarié remplacé, exécution de travaux urgents nécessités par des mesures de sécurité, emplois saisonniers ou CDD d'usage, rupture anticipée par le salarié, refus par le salarié du renouvellement de son contrat : dans ce dernier cas, le délai de carence ne s'applique pas pour la durée du contrat non renouvelé.

La succession de CDD avec le même salarié est elle aussi limitée (risque de requalification du contrat en CDI). Avant de réengager le même salarié en CDD, vous devez respecter un délai d'interruption entre chaque contrat :

- un délai « de carence » si la succession porte sur le même poste de travail (voir ci-dessus) ;
- un « certain délai » (la durée n'est pas précisée par la loi) si la succession porte sur un poste différent. Pour éviter une requalification en CDI, ce délai ne doit pas être trop bref.

5. Passer en CDI après un CDD ou un contrat d'intérim

À l'issue d'une mission d'intérim, vous pouvez embaucher le salarié en CDI sans avoir à respecter de délai de carence. La durée des missions d'intérim effectuées dans les 3 mois qui précèdent l'embauche est prise en compte pour le calcul de l'ancienneté du salarié et est déduite de la période d'essai éventuellement prévue s'il est embauché sur le même poste.

De même, à l'issue d'un CDD, vous pouvez engager le salarié en CDI sans délai sur le même poste aux mêmes conditions de rémunération, de classification et d'horaires ou en lui proposant des conditions de travail différentes. Dans ce dernier cas toutefois, il est préférable de conclure un nouveau contrat de travail pour confirmer les conditions du passage en CDI.

Si le CDI fait immédiatement suite au CDD, l'ancienneté acquise au cours du CDD doit être reprise. L'indemnité de fin de contrat n'est pas due.

Remarque : soyez vigilant ! Si vous continuez à faire travailler le salarié au terme de son CDD (ou de son contrat d'intérim) sans autre formalité, le contrat initial est automatiquement transformé en CDI.

Chapitre 2

Prendre un stagiaire

1. Un stage n'est pas un emploi salarié

Le stage est une période de mise en situation professionnelle au cours de laquelle l'élève ou l'étudiant acquiert des compétences professionnelles et met en œuvre les acquis de sa formation en vue d'obtenir un diplôme. Ce n'est donc ni un job d'été, ni un stage de formation professionnelle, ni un contrat d'alternance.

Le stage ne peut pas être conclu pour occuper un poste de travail permanent de l'entreprise, pour faire face à un accroissement temporaire d'activité, pour occuper un emploi saisonnier, ni pour remplacer un salarié absent. Si vous êtes dans l'une de ces situations, il faut conclure un contrat de travail et non un stage.

Remarque : par ailleurs, il faut veiller à ne pas donner au stagiaire des tâches à accomplir sans lien avec ses études ou des tâches dont l'entreprise tire profit. Il existe un risque de requalification du stage en contrat de travail.

2. Pas de stagiaire sans convention

Tout stage doit faire l'objet d'une convention de stage (signée entre le stagiaire, son établissement d'enseignement et l'entreprise d'accueil) mentionnant notamment :

- la définition des activités confiées au stagiaire ;
- les dates de début et de fin de stage ;
- les compétences à acquérir ou à développer pendant le stage ;
- la durée hebdomadaire de présence effective du stagiaire dans l'entreprise et la gratification prévue.

Remarque : tout stage doit être intégré à un cursus pédagogique, scolaire ou universitaire. Il est impossible d'accueillir un stagiaire qui a fini son cursus, ou hors cursus, ou hors convention de stage (risque de requalification du stage en CDI et/ou condamnation pour travail dissimulé).

3. Des limitations sur l'accueil de stagiaires

Les possibilités d'accueil de stagiaires dans une même entreprise sont limitées :

- le nombre de stagiaires (hors enseignement professionnel) pouvant être accueillis simultanément par une même entreprise est limité (pas plus de 15 % de l'effectif si l'entreprise emploie au moins 20 salariés, pas plus de 3 stagiaires si elle compte moins de 20 salariés) ;
- un même stagiaire ne peut pas effectuer plus de 6 mois de stage par année d'enseignement dans la même entreprise sauf dérogation ;

? Renseignez-vous auprès de votre service RH.

- l'accueil successif de stagiaires, au titre de conventions de stages différentes, pour effectuer des stages sur un même poste n'est possible qu'à l'expiration d'un délai de carence égal au tiers de la durée du stage précédent. Toutefois, ce délai de carence n'est pas applicable lorsque le stage précédent a été interrompu avant son terme à l'initiative du stagiaire.

4. Désigner un tuteur dans l'entreprise

Vous devez désigner un tuteur, salarié de l'entreprise, chargé d'accueillir et d'accompagner le stagiaire tout au long de son stage.Ce tuteur est également l'interlocuteur direct de l'enseignant référent chargé de suivre le stagiaire dans son établissement d'enseignement.

Remarque : soyez vigilant, un même tuteur ne peut suivre qu'un nombre limité de stagiaires en même temps.

5. Gratification pour les stages de plus de 2 mois

Le versement d'une gratification est obligatoire lorsque la durée du stage au sein de l'entreprise est supérieure à 2 mois consécutifs, ou 2 mois non consécutifs quand plusieurs périodes de stage se déroulent au cours d'une même année scolaire ou universitaire.

Cette gratification est versée mensuellement.

? Renseignez-vous auprès de votre service RH.

6. Statut du stagiaire

Le stagiaire n'est pas salarié de l'entreprise d'accueil. Il reste sous statut scolaire ou universitaire ; il conserve sa couverture sociale en qualité d'étudiant.

Il doit toutefois respecter les dispositions de votre règlement intérieur. Il est soumis aux mêmes règles de durée de travail que vos salariés.

Vous devez également établir un décompte de ses heures de présence. Aucune tâche dangereuse pour sa santé et sa sécurité ne doit lui être confiée. Il bénéficie des règles légales protectrices des salariés relatives à l'hygiène, à la sécurité et aux conditions de travail et au harcèlement moral et sexuel.

En cas de grossesse, de paternité ou d'adoption, le stagiaire peut bénéficier des mêmes congés et autorisations d'absence que ceux prévus pour les salariés de l'entreprise. Pour les stages de plus de 2 mois, la convention de stage doit prévoir la possibilité de congés et d'autorisations d'absence.

Les stagiaires bénéficient (quelle que soit la durée de leur stage) dans les mêmes conditions que les salariés de l'entreprise, des titres-restaurant ou de l'accès au restaurant d'entreprise, de la prise en charge de leurs frais de transport (trajet domicile-travail) ainsi que des activités sociales et culturelles du comité social et économique (CSE). Ils sont aussi couverts contre les accidents du travail et les maladies professionnelles.

7. Embaucher un stagiaire à l'issue de son stage

Si vous embauchez un ancien stagiaire dans les 3 mois qui suivent la fin du stage réalisé lors de sa dernière année d'études, la durée de celui-ci est déduite de la période d'essai, sans pouvoir la réduire de plus de 50 %, sauf dispositions conventionnelles plus favorables.

Si vous souhaitez l'embaucher dans un emploi correspondant aux activités que vous lui aviez confiées pendant le stage, la durée de celui-ci est intégralement déduite de la période d'essai.

En cas d'embauche à l'issue d'un stage d'une durée supérieure à 2 mois, cette durée est prise en compte pour l'ouverture et le calcul des droits liés à l'ancienneté.

Chapitre 3

Accueillir un nouveau collaborateur

1. Préparer l'intégration du nouvel embauché

Une fois le candidat choisi et le recrutement terminé, il faut préparer son intégration. Au cours de cette étape, votre rôle est essentiel. Nous vous proposons une liste de points de vigilance.

Préparer le parcours d'intégration : quelques points de vigilance	
Accueil	• Prévoir les conditions d'accueil le jour de la prise de fonctions (présentation aux membres de l'équipe et du poste de travail) • Installation et vérification des outils informatiques, de la ligne téléphonique...
Tuteur	Nommer éventuellement un tuteur ou un référent (obligatoire pour un contrat d'apprentissage ou de professionnalisation) et prévoir, en fonction des besoins, une formation du tuteur
Période d'essai	Définir les modalités de suivi et d'évaluation de la période d'essai
Formation	• Prévoir la formation du nouvel embauché aux produits et aux services de l'entreprise et à son nouveau poste de travail • Penser aux diverses formations à la sécurité • Pour les embauches sous contrat d'apprentissage ou de professionnalisation : vérifier l'articulation entre les enseignements et les séquences pratiques en entreprise
Embauche	Assurer l'information et la transmission des documents liés à l'embauche
Contrats précaires	En cas de recours à un CDD ou un contrat d'intérim, définir les moyens de contrôle et de suivi de ces contrats

2. Transmettre les documents et informations liés à l'embauche

Transmission obligatoire	Transmission conseillée
• Contrat de travail signé des 2 parties	• Livret d'accueil
• Prévoir la visite d'information et de prévention avec le médecin du travail	• Règlement intérieur
• Liste des accords collectifs applicables dans l'entreprise	• Charte informatique (s'il en existe une dans l'entreprise)
• Information sur l'entretien professionnel tous les 2 ans	• Description (à jour) du poste que le salarié va occuper

Chapitre 4

Gérer la période d'essai

1. Ce qu'est une période d'essai

La période d'essai vous permet d'évaluer les compétences de votre salarié et permet au salarié de s'assurer que le poste (et l'entreprise) lui conviennent. Au cours de cette période d'essai, l'une ou l'autre partie peut rompre le contrat de travail sans avoir à justifier sa décision.

La période d'essai n'est pas obligatoire. Si vous voulez en prévoir une, vous devez la mentionner dans le contrat de travail. Elle ne peut être renouvelée qu'à 3 conditions cumulatives : si cette possibilité est prévue par convention collective de branche étendue ; si le contrat de travail comporte une disposition expresse en ce sens ; si le salarié donne son accord « exprès et non équivoque ». Sur la durée de la période d'essai, voir « Éléments clés »,page 4.

Remarque : il ne faut pas confondre période d'essai et mise à l'essai. Si vous souhaitez vérifier la qualification professionnelle d'un candidat et son aptitude à accomplir une tâche donnée (ex. : réalisation d'une pièce, saisie dactylographique, traduction...), vous pouvez le faire au cours de la procédure d'embauche. Il s'agit alors d'un essai professionnel et non d'une période d'essai. Or l'essai professionnel n'est pas réglementé et, en principe, pas rémunéré, sauf si les dispositions conventionnelles applicables à votre entreprise le prévoient.

2. Suivre la période d'essai du nouvel embauché

La période d'essai est déterminante pour l'intégration du salarié. Il peut être utile de prévoir un suivi de celle-ci :

- dans les premiers jours de l'arrivée du salarié en planifiant un entretien individuel pour fixer des objectifs précis (périmètre de responsabilité du poste, définition des projets ou dossiers sur lesquels il va travailler, collaborateurs avec lesquels il va travailler, résultats attendus, par exemple) ;
- puis par des points réguliers en cours et en fin de période d'essai. Ce dernier entretien peut être consacré au bilan global de la période d'essai et vous servir à déterminer la suite de la collaboration : confirmation dans le poste, renouvellement de la période d'essai si vous avez toujours des doutes à l'issue de la première (et si cela est possible - voir ci-dessus), voire rupture de la période d'essai.

3. Comment et pourquoi renouveler l'essai

Si vous envisagez de renouveler l'essai (sous réserve que le renouvellement soit possible - voir ci-dessus), vous ne pourrez le faire qu'une fois. La durée totale (période initiale + renouvellement) ne peut pas excéder les limites figurant dans « Éléments clés » (voir page 4).

Avant la fin de la période initiale, vous devrez informer par écrit le salarié de votre volonté de renouveler la période d'essai.

S'il accepte le renouvellement, vous devez recueillir son accord « exprès et non équivoque ».

S'il refuse le renouvellement, vous ne pouvez pas poursuivre la période d'essai. Vous pouvez alors soit la rompre, soit poursuivre le contrat de travail.

4. Si le salarié est absent, l'essai peut être prolongé

Si, durant sa période d'essai, votre salarié est absent pour maladie ou accident de trajet, accident du travail, congés payés, jours de RTT ou de fermeture de l'entreprise, vous pouvez la prolonger d'une durée strictement égale à celle de l'absence. La prolongation doit donc être calculée au jour près et doit correspondre au nombre de jours calendaires compris dans la période d'absence.

Remarque : les périodes de formation professionnelle ne prolongent pas la période d'essai.

5. Rompre une période d'essai non satisfaisante

Employeur et salarié peuvent rompre la période d'essai sans avoir à se justifier ni à respecter de formalités particulières. Toutefois, un écrit est vivement conseillé.

La période d'essai n'a pour but que d'apprécier les aptitudes professionnelles et personnelles du salarié à assumer ses fonctions. Si vous rencontrez votre salarié pour l'informer de votre décision de rupture, vous devez donc rester prudent quant aux motifs que vous invoquez car ceux-ci doivent rester strictement professionnels (par exemple, difficultés à maîtriser les modes opératoires, à gérer son temps, à organiser son activité...).

Vous ne pouvez pas rompre la période d'essai :

- pour d'autres raisons (parce que le salarié refuse, par exemple, une modification de son mode de rémunération) ;
- pour un motif disciplinaire (retards répétés par exemple). Si vous invoquez un tel motif, vous devrez respecter la procédure disciplinaire (plus lourde et soumise à un formalisme strict) ;
- pour un motif discriminatoire (âge, sexe, religion, origine ethnique...) ;
- si le salarié est en arrêt maladie.

Remarque : avant de rompre une période d'essai, assurez-vous que le salarié ne bénéficie pas d'une protection particulière (salariés dont le contrat est suspendu pour maladie ou accident professionnels, femmes enceintes, salariés protégés).

? Renseignez-vous auprès de votre service RH.

Un délai de prévenance doit être respecté pour laisser à l'autre partie le temps de s'organiser (ce délai varie selon la durée de présence dans l'entreprise ; voir « Éléments clés »,page 4). Toutefois, celui-ci ne doit pas avoir pour effet de prolonger l'essai.

6. Pas d'essai possible en cas de promotion ou de changement de fonctions du salarié

Si l'un de vos collaborateurs change de poste ou évolue dans ses fonctions, vous pouvez souhaiter prévoir une période de « test » pour évaluer sa capacité à occuper ce nouveau poste. Cette période appelée « probatoire » a la même finalité que la période d'essai, mais n'en est pas une.

Avant de fixer une période probatoire au collaborateur qui change de poste, vous devez recueillir son accord.

Si la période probatoire s'avère non concluante :

- il faut informer le salarié et lui expliquer les motivations de la décision puis les lui confirmer par écrit (courrier recommandé avec AR ou remis en main propre contre décharge) ;
- vous êtes obligé de replacer le salarié dans ses fonctions antérieures car le contrat de travail n'est pas rompu.

En revanche, si au cours de la période probatoire, le collaborateur commet une faute sans relation avec son aptitude à exercer ses nouvelles fonctions, il est alors possible d'envisager un licenciement pour cause réelle et sérieuse.

Partie 2

Former et faire évoluer vos salariés

Chapitre 1

Connaître les principaux dispositifs de formation

Dispositifs	Modalités d'accès
Plan de développement des compétences	À l'initiative de l'employeur Pas de condition d'ancienneté dans l'entreprise
Compte personnel de formation (CPF)	À l'initiative du salarié Pas de condition d'ancienneté dans l'entreprise
Pro A (reconversion ou promotion par alternance)	À l'initiative de l'employeur ou du salarié Pas de condition d'ancienneté dans l'entreprise Le salarié doit être en CDI ou en CDD pour les sportifs et entraîneurs professionnels Dispositif également ouvert aux salariés en activité partielle Niveau de qualification du salarié doit être inférieur à celui correspondant au grade de la licence (bac + 3)
CPF de transition professionnelle	À l'initiative du salarié Le salarié doit justifier d'une ancienneté d'au moins vingt-quatre mois, consécutifs ou non, dont douze mois dans l'entreprise, quelle que soit la nature des contrats de travail successifs Pas de condition d'ancienneté pour les salariés malades ou victimes d'un accident sous certaines conditions, les salariés handicapés et les personnes qui ont changé d'emploi après un licenciement pour inaptitude ou pour un motif économique et qui n'ont pas suivi de formation entre leur licenciement et leur réemploi
Bilan de compétences	À l'initiative de l'employeur ou du salarié Pas de condition d'ancienneté dans l'entreprise
Validation des acquis de l'expérience (VAE)	À l'initiative de l'employeur ou du salarié Pas de condition d'ancienneté dans l'entreprise Obligation de justifier d'une expérience dans le domaine du diplôme ou titre visé

Chapitre 2

Veillez à la formation de votre équipe

1. L'entreprise doit former ses salariés

L'employeur doit régulièrement former ses salariés pour assurer leur adaptation à leur poste de travail et veiller au maintien de leur employabilité. S'il ne le fait pas, il peut être condamné à des dommages et intérêts.

À titre d'exemple, les tribunaux ont condamné un employeur à verser 6 000 € de dommages et intérêts à une salariée qui n'avait suivi aucune formation pendant ses 7 années de présence dans l'entreprise.

Vous devez donc veiller à ce que chacun des salariés de votre service bénéficie régulièrement des formations inscrites dans le plan de développement des compétences établi chaque année. En lien avec l'entretien professionnel (voir page 40), tout salarié doit bénéficier tous les 6 ans d'au moins une formation non obligatoire, c'est-à-dire une formation qui n'est pas imposée par la loi, un règlement ou un texte international pour exercer une activité ou une fonction.

Remarque : au moment où il établit le plan de développement des compétences, le service ressources humaines vous demande généralement les besoins en formation de votre équipe. Nous vous conseillons de proposer en priorité les salariés qui n'ont suivi aucune formation depuis plusieurs années. Il peut également être utile d'informer le service ressources humaines sur la situation de ces collaborateurs.

2. Pas de licenciement sans formation préalable

Avant un licenciement (que ce soit pour motif économique ou pour insuffisance professionnelle), l'employeur doit tout mettre en œuvre pour adapter le salarié à son poste de travail et principalement lui proposer les formations nécessaires à cette adaptation.

Remarque : attention ! Avant un licenciement pour insuffisance professionnelle, vous devez proposer au salarié non seulement une ou des formations avec une durée suffisante mais également lui laisser un temps d'adaptation adéquat à l'issue de la formation.

3. Le salarié qui refuse de partir en formation peut être sanctionné

La décision d'envoyer en formation un salarié, dans le cadre du plan de développement des compétences, relève du pouvoir de direction de l'employeur. Un salarié ne peut donc pas refuser de se former. En cas de refus, il peut être sanctionné.

Cette sanction peut être un avertissement, une mise à pied disciplinaire ou même un licenciement lorsqu'il s'agit d'une formation d'adaptation au poste de travail (utilisation d'un nouveau logiciel, par exemple). Le choix de la sanction appartient à l'employeur en fonction notamment de la gravité du refus du salarié par rapport à l'exécution normale de son contrat de travail.

? Renseignez-vous auprès de votre service RH pour connaître la procédure à suivre en cas de refus du salarié de participer à une formation.

Attention, dans certaines circonstances particulières, le salarié peut refuser de suivre une formation, par exemple, lorsque la formation n'a pas de lien avec son activité professionnelle ou si vous lui imposez de la suivre en dehors du temps de travail.

Chapitre 3

Gérer l'utilisation du CPF

1. Qu'est-ce que le compte personnel de formation (CPF) ?

Chaque salarié dispose d'un compte personnel de formation (CPF) qui le suit tout au long de sa carrière professionnelle et sur lequel, chaque année, sont inscrits des droits calculés en fonction de sa durée du travail.

Le CPF est crédité en euros. Chaque salarié à temps plein ou travaillant au moins à mi-temps acquiert 500 € par an dans la limite d'un plafond de 5 000 €. Les personnes n'ayant pas atteint d'un point de vue scolaire un niveau CAP voient leur CPF crédité de 800 € par an dans la limite de 8 000 €.

Remarque : attention ! Dans les entreprises d'au moins 50 salariés, 3 000 € sont versés par salarié à temps plein ou à temps partiel sur le CPF du salarié en cas de non-respect par l'employeur de ses obligations en matière d'entretiens professionnels (voir page 40).

Chaque salarié peut activer son CPF *via* la plateforme numérique « Mon Compte Formation » accessible sur le site www.moncompteformation.gouv.fr ou sous forme d'application mobile. Le CPF est complètement dématérialisé et n'est pas géré par l'entreprise.

2. Pour quelles formations est-il utilisable ?

Seules certaines formations peuvent être suivies dans le cadre du CPF.

Remarque : les listes des formations utilisables dans le cadre du CPF figurent sur le site www.moncompteformation.gouv.fr ou sur l'application « Mon Compte Formation ».

Les droits inscrits sur son compte permettent au salarié de financer :

- les formations sanctionnées par une qualification ou une certification comprenant notamment la certification relative au socle de connaissances et de compétences professionnelles (certification CléA) ;
- les actions permettant de faire valider les acquis de l'expérience (VAE) ;
- les bilans de compétences ;
- les formations dispensées aux créateurs ou repreneurs d'entreprise ;
- les formations permettant aux bénévoles, aux volontaires en service civique et aux sapeurs-pompiers d'exercer leur mission ;
- les permis de conduire voiture et poids lourd (code de la route et épreuve pratique du permis).

Remarque : A compter du 1er janvier 2024, le CPF pourra, sous certaines conditions, servir à financer toutes les catégories de permis de conduire d'un véhicule terrestre à moteur (code de la route et épreuve pratique du permis) et non plus uniquement voiture et poids lourd.

3. Votre accord est-il nécessaire ?

Le salarié peut suivre sa formation en dehors de son temps de travail. Dans ce cas-là, votre accord n'est pas nécessaire.

Le salarié peut se former pendant ses congés payés ou ses jours « RTT » sous réserve que vous ayez accepté les dates posées.

Si le salarié souhaite suivre sa formation en tout ou partie pendant son temps de travail, il doit obtenir votre accord avant de partir en formation.

? Renseignez-vous auprès de votre service RH pour connaître les délais de demande d'autorisation d'absence du salarié et de réponse de l'employeur.

4. Que verse l'entreprise pendant la formation ?

Pour les heures de formation se déroulant pendant le temps de travail, l'employeur doit maintenir la rémunération du salarié.

Pour les heures de formation se déroulant hors temps de travail, l'employeur n'a ni rémunération, ni allocation de formation à verser au salarié.

Les frais de formation (que la formation se déroule pendant ou hors temps de travail) sont, en principe, pris en charge par un organisme extérieur à l'entreprise. C'est la caisse des dépôts et consignations qui finance les frais de formation du CPF via la plateforme numérique « Mon compte Formation » accessible sur le site www.moncompteformation.gouv.fr ou sous forme d'application mobile

---

Remarque : Sachez que le gouvernement devrait instaurer un reste à charge pour le salarié qui utilise son CPF. Le montant de cette participation financière n'est pas encore fixée. Elle ne sera pas due par le salarié en cas de co-financement du CPF par l'employeur et par les demandeurs d'emploi.

? Renseignez-vous auprès de votre service RH pour connaître les modalités de financement complémentaire du CPF dans l'entreprise.

5. Devez-vous informer le salarié sur son CPF ?

Oui, lors de l'entretien professionnel organisé tous les deux ans, vous devez informer le salarié sur l'activation de son CPF et sur les abondements de ce compte que l'employeur est susceptible de financer.

6. Qu'est-ce que le CPF de transition professionnelle ?

Ce dispositif, dénommé CPF de transition professionnelle ou projet de transition professionnelle permet au salarié de mobiliser les droits inscrits sur son CPF pour suivre une formation longue, certifiante, lui permettant de changer de métier ou de profession.

Pour formaliser son projet, le salarié peut se faire aider par un conseiller en évolution professionnelle. Il dépose sa demande de prise en charge de son projet de transition professionnelle auprès d'un organisme dénommé Transitions Pro suivi du nom de la région. Cet organisme statue sur la viabilité et le financement du projet de formation.

7. Quels salariés peuvent bénéficier d'un projet de transition professionnelle ?

Le salarié doit justifier d'une ancienneté d'au moins vingt-quatre mois, consécutifs ou non, dont douze mois dans l'entreprise, quelle que soit la nature des contrats de travail successifs.

Cette condition d'ancienneté ne concerne pas les salariés handicapés et les personnes qui ont changé d'emploi après un licenciement pour inaptitude ou pour un motif économique et qui n'ont pas suivi de formation entre leur licenciement et leur réemploi.

Elle n'est également pas exigée, sous certaines conditions, pour le salarié malade ou victime d'un accident.

? Renseignez-vous auprès de votre service RH pour connaître les conditions à remplir par ces salariés.

Les salariés exposés à certains facteurs de risques professionnels peuvent utiliser leur CPF de transition professionnelle pour accéder à un emploi non exposé aux risques professionnels.

? Renseignez-vous auprès de votre service RH pour connaître les salariés visés par cette possibilité.

8. Votre accord est-il nécessaire ?

Si la formation se déroule en tout ou partie sur le temps de travail, le salarié bénéficie d'un congé de transition professionnelle et doit demander une autorisation d'absence à son employeur. Vous pouvez refuser la demande du salarié si celui-ci ne remplit pas les conditions d'ancienneté ou s'il ne formule pas sa demande dans les délais. La demande de congé de transition professionnelle du salarié peut également être reportée pour raisons de service ou lorsque plusieurs salariés sont simultanément absents au titre de ce congé.

? Renseignez-vous auprès de votre service RH pour connaître les délais de demande d'autorisation d'absence du salarié et de réponse de l'employeur ainsi que les conditions de report.

Chapitre 4

Utiliser le dispositif Pro A de reconversion par l'alternance

1. Qu'est-ce que le dispositif Pro A ?

Baptisé « Pro-A » pour « reconversion ou promotion par alternance », ce dispositif s'adresse aux salariés en poste dans l'entreprise (titulaires d'un CDI ou d'un CDD pour les sportifs et entraîneurs professionnels) et qui ont terminé leurs études en n'ayant pas atteint un niveau de qualification correspondant au grade de la licence (bac + 3). Il concerne également les salariés placés en position d'activité partielle.

L'objet est de permettre au salarié de changer de métier ou de profession ou d'acquérir une nouvelle qualification ou de bénéficier d'une promotion sociale ou professionnelle *via* soit une formation en alternance (avec des périodes en entreprise et en centre de formation) soit une action qui permet de faire valider les acquis de l'expérience professionnelle.

2. Pour quelles formations est-il utilisable ?

La Pro-A est utilisable pour la VAE, pour des formations certifiantes et plutôt longues (150 heures minimum) définies par accord de branche et pour acquérir le socle de connaissances et de compétences (certification CléA).

? Renseignez-vous auprès de votre service RH pour connaître les formations éligibles.

3. Faut-il l'accord du salarié ?

Oui. Vous devez même lui faire signer un avenant à son contrat de travail.

Chapitre 5

Répondre à un projet de bilan de compétences

1. Qu'est-ce qu'un bilan de compétences ?

Le bilan de compétences n'est pas, à proprement parler, une formation.

Réalisé obligatoirement par un organisme extérieur à l'entreprise, il permet au salarié d'analyser ses compétences professionnelles et personnelles ainsi que ses aptitudes et ses motivations et de définir un projet professionnel ou de formation.

La durée du bilan est de 24 heures maximum.

2. Qui prend l'initiative du bilan ?

L'initiative du bilan de compétences peut venir du salarié lui-même. Il peut dans ce cas décider d'utiliser son CPF pour effectuer et financer son bilan (voir page 28).

L'initiative peut également venir de l'employeur, lequel propose et ne peut pas imposer au salarié d'effectuer ce bilan. Dans cette hypothèse, l'accord du salarié est impératif. Vous ne pouvez pas le sanctionner ni le licencier s'il refuse.

? **Renseignez-vous auprès de votre service RH** pour connaître les règles à respecter pour formaliser l'accord du salarié.

3. Pouvez-vous être destinataire des résultats du bilan ?

Non. Au terme du bilan de compétences, le salarié reçoit, de la part de l'organisme qui a réalisé le bilan, des résultats détaillés ainsi qu'un document de synthèse.

Même si l'entreprise finance le bilan de compétences, le salarié est seul destinataire de ces documents. Ils ne peuvent être communiqués à l'employeur qu'avec son accord.

Partie 3

Les entretiens à mener

Chapitre 1

L'entretien annuel d'appréciation (EAA)

1. Préparer l'entretien

L'EAA est souvent perçu comme une contrainte, une formalité de fin d'année difficile à contourner : de fait, c'est ce qu'il devient s'il n'est pas abordé de manière constructive et l'esprit libre. Si un souci vous préoccupe au point de monopoliser toute votre attention, mieux vaut différer l'entretien. Toute votre attention doit être focalisée sur votre collaborateur.

Remarque : gardez en tête qu'au travers des EAA que vous effectuez, vous êtes vous-même évalué par votre propre hiérarchie sur vos qualités de manager.

Si l'EAA se déroule généralement dans le bureau du manager, d'autres options sont envisageables, telles qu'un autre espace « neutre » dans l'entreprise (salle de réunion), voire à l'extérieur de celle-ci ou même à distance par visioconférence, bien qu'un entretien « en réel » reste toujours préférable. Tout est possible, dès lors que manager et salarié peuvent s'exprimer librement, loin des yeux (et des oreilles) de tierces personnes.

Remarque : il est souhaitable de se prémunir de toute perturbation externe, en mettant notamment les téléphones portables en veille le temps de l'entretien : il n'est pas question d'être interrompu par des coups de fil intempestifs.

2. Listez tout ce que vous avez à dire à votre collaborateur

Vous devez distinguer les éléments purement objectifs et factuels de ce qui relève d'un sentiment ou d'une opinion personnelle : vous devez exactement savoir ce que vous allez dire à votre collaborateur et comment vous allez le faire s'il s'agit d'un sujet délicat à aborder.

Recensez les objectifs fixés, l'historique des formations suivies, les notes éventuellement prises à l'occasion d'autres entretiens.

Il est également utile de connaître les évolutions salariales et/ou de classification dont a bénéficié le salarié, même si ces thèmes n'ont en principe pas à être abordés lors de l'EAA.

Remarque : manager et collaborateur ont en effet bien d'autres occasions, formelles ou informelles, de se rencontrer au cours de l'année. À ce titre, l'EAA ne fera que confirmer et formaliser des éléments déjà évoqués tout au long de l'année. En théorie, un salarié qui n'a pas atteint ses objectifs ne devrait pas avoir à attendre l'EAA pour en être informé.

3. Dès lors qu'il est déployé dans l'entreprise, l'EAA est obligatoire

La loi n'oblige pas les entreprises à mettre en place un système d'entretiens d'évaluation mais dès lors qu'elles le font, en respectant les formes requises (consultation du CSE), cet entretien devient obligatoire : le salarié qui refuse d'y assister commet une faute et peut être sanctionné.

Remarque : le salarié ne peut exiger de se faire assister lors de l'EAA : il ne s'agit pas d'un entretien préalable à sanction.

4. L'EAA n'est pas un cahier de doléances !

Il faut éviter d'accumuler tout au long de l'année des reproches que l'on déversera en bloc sur le salarié lors de l'EAA. Les difficultés, s'il y en a, doivent être abordées sans attendre, au fil de l'eau. Même s'il est possible d'y revenir en cours d'entretien, le salarié ne doit pas les découvrir à cette occasion.

Votre appréciation doit reposer sur des faits précis et datés (ou en tout cas circonstanciés) : exprimer un sentiment ou un avis purement personnel est risqué car il est difficile d'argumenter sur un ressenti, surtout si le salarié ne partage pas votre point de vue. Dans ce cas, l'échange risque fort de rester stérile. Il est impératif de dissocier les éléments purement factuels et objectifs de ce qui relève davantage d'une opinion ou d'un sentiment.

Remarque : n'affirmez rien que vous ne serez pas capable d'argumenter si le salarié conteste votre appréciation. N'oubliez pas que vos paroles vous engagent !

L'EAA est un exercice délicat qui nécessite à la fois de la hauteur de vue, et la capacité à entrer dans le détail quand il le faut, sans pour autant s'y perdre.

5. Utilisez des critères d'évaluation précis et objectifs

Généralement, ces critères sont définis au niveau de l'entreprise et communs à tous les salariés, ou à un groupe de salariés exerçant des responsabilités comparables.

L'évaluation ne doit porter que sur les qualités professionnelles du salarié : les appréciations d'ordre comportemental sont possibles si elles ont des conséquences sur ses performances professionnelles (ex. : absence de communication, comportement agressif dégradant l'ambiance...). Dans tous les cas, il faut « objectiver » cette appréciation en expliquant quelles sont les conséquences de ce comportement sur la qualité du travail et/ou sur l'équipe.

Remarque : la vie privée du salarié n'a pas à être abordée en entretien, sauf si cela dégrade la qualité du travail fourni ; encore une fois, ce n'est pas la vie privée que l'on juge mais ses éventuelles répercussions sur la sphère professionnelle (ex. : salarié faisant profiter ses collègues des fréquentes disputes qu'il a au téléphone avec son conjoint).

De même, vous devez respecter le principe de non-discrimination : personne ne peut faire l'objet d'une décision ou d'une évaluation défavorable en raison de son origine, de son sexe, de ses mœurs, de son orientation sexuelle, de son identité de genre, de son âge, de sa situation de famille ou de sa grossesse, de ses caractéristiques génétiques, de la particulière vulnérabilité résultant de sa situation économique, apparente ou connue de son auteur, de son appartenance ou de sa non-appartenance, vraie ou supposée, à une ethnie, une nation ou une prétendue race, de ses opinions politiques, de ses activités syndicales ou mutualistes, de son exercice d'un mandat électif, de ses convictions religieuses, de son apparence physique, de son nom de famille, de son lieu de résidence ou de sa domiciliation bancaire, ou en raison de son état de santé, de sa perte d'autonomie ou de son handicap, de sa capacité à s'exprimer dans une langue autre que le français, de sa qualité de lanceur d'alerte, de facilitateur ou de personne en lien avec un lanceur d'alerte.

6. Fixez les objectifs

La fin de l'EAA sera consacrée aux objectifs de la période à venir. On applique ici le principe SMART, selon lequel les objectifs fixés doivent être :

- spécifiques, c'est-à-dire être propres au salarié et dépendre de lui seul ;
- mesurables : les objectifs doivent être quantifiés (chiffre d'affaires ou pourcentage de progression à atteindre) ;
- atteignables : l'objectif doit être suffisamment ambitieux sans devenir inaccessible ;
- réalistes : compte tenu de ses compétences et des moyens qui lui sont alloués, le salarié doit être en mesure d'atteindre les objectifs fixés ;
- définis dans le temps : un objectif précis doit être atteint à une échéance précise.

Remarque : le salarié doit être d'accord avec les objectifs qui lui sont fixés. Même si en dernier lieu, le manager a le dernier mot, les objectifs ont toujours plus de chances d'être atteints lorsqu'ils sont acceptés de part et d'autre.

---

7. Faites signer le compte rendu au salarié

Une fois le formulaire d'EAA rempli, vous devez le faire signer au salarié et lui en remettre une copie. Vous devez également en garder un exemplaire et en transmettre un à la DRH.

Remarque : n'en profitez pas pour rajouter des informations sur l'EAA à l'insu du salarié ! Il ne faut pas écrire autre chose que ce qui a été dit durant l'entretien.

Le contenu de l'entretien doit en principe rester confidentiel : seuls vous, le salarié et les RH en connaissez la teneur.

Remarque : le salarié peut refuser de signer l'entretien s'il n'est pas d'accord avec les informations qui y figurent. Sachez qu'il en a le droit et qu'il ne peut être sanctionné pour cela. L'EAA reste valable mais il est évident qu'en cas de divergence entre le salarié et son manager, il perd de sa force... S'il refuse de le signer, il faut le mentionner sur le formulaire en lui faisant préciser le motif de son refus.

8. Gérer d'éventuelles réclamations

Il se peut que le salarié revienne vers vous après l'EAA, estimant que les appréciations qui y sont portées le desservent.

Sachez qu'il est toujours possible de moduler une appréciation mais ne le faites que si vous pensez effectivement avoir été trop sévère et/ou avoir manqué d'objectivité. En tout état de cause, cela doit rester rare et vous ne devez jamais le faire pour faire plaisir au salarié ou pour « acheter » la paix : il en va de votre crédibilité de manager.

Chapitre 2

L'entretien forfait jours

1. Cet entretien est obligatoire

L'entretien forfait jours est un entretien annuel individuel spécifique pour les salariés en forfait jours. Il porte sur :

- la charge de travail du salarié ;
- l'organisation du travail dans l'entreprise ;
- l'articulation entre l'activité professionnelle et la vie personnelle et familiale ;
- la rémunération du salarié.

L'entretien étant obligatoire, l'employeur prend un risque en ne l'organisant pas : celui de devoir indemniser le salarié pour exécution déloyale de la convention de forfait.

Remarque : en pratique, c'est l'employeur qui sera sanctionné et non le manager : même si c'est bien ce dernier qui est chargé de mener l'entretien, il est de la responsabilité de l'employeur de veiller à ce qu'il ait lieu.

Il est possible de réaliser l'entretien forfait jours au moment de l'entretien annuel d'appréciation (EAA) mais attention ! Les deux ne doivent pas se confondre ! Ces thèmes peuvent être abordés durant l'EAA, ou à la suite de celui-ci, mais ils devront faire l'objet d'un compte-rendu distinct.

2. Évitez les excès d'heures

Le forfait jours permet d'affranchir les salariés de toute contrainte horaire : leur temps de travail n'est pas décompté en heures mais en jours sur l'année et ils ne sont pas soumis aux durées maximales (quotidienne, hebdomadaire) de travail.

Remarque : le forfait jours ne doit pas pour autant conduire un salarié à travailler 15 heures/jour. Or, l'absence de contrainte légale pouvait aboutir à des excès (voire à l'excès inverse !). Les juges, fréquemment saisis par des salariés au forfait estimant travailler plus que de raison, ont tendance à rendre des décisions allant dans le sens d'une limitation des horaires. Ils sanctionnent désormais les employeurs qui ne respectent pas les règles relatives au repos quotidien et hebdomadaire.

3. Le cas échéant, réajustez la charge de travail

Un salarié qui travaille trop présente un risque pour lui-même et pour l'entreprise : l'entretien forfait jours doit donc permettre de faire le point sur son activité et, le cas échéant, de réajuster sa charge de travail. Il faut aussi s'assurer que cette charge est justifiée, donc qu'elle résulte de ce qui lui est demandé (certains salariés pouvant avoir tendance à aller au-delà de ce qui relève de leur périmètre de responsabilité et à prendre en charge spontanément des dossiers qui ne les concernent pas).

Remarque : soit le salarié en fait plus qu'il ne devrait et il faut le recentrer sur son activité et lui demander de laisser de côté ce qui ne le concerne pas, soit sa charge de travail est trop forte et il faut l'alléger. On peut aussi se trouver dans une situation médiane : le salarié est bien sur son périmètre de responsabilité, sa charge est correcte mais il met beaucoup de temps à l'accomplir. Il faut alors analyser si cela résulte d'un problème d'organisation ou de compétences. Une action de formation peut éventuellement l'aider.

Chapitre 3

L'entretien professionnel

1. Tout salarié y a droit

Dès leur embauche, les salariés doivent être informés qu'ils bénéficieront tous les 2 ans d'un entretien professionnel. Les salariés déjà en poste doivent aussi en être informés, par tout moyen.

Remarque : tous les salariés de l'entreprise doivent en bénéficier, qu'ils soient en CDD ou en CDI, à temps plein ou à temps partiel.

L'entretien professionnel doit être systématiquement proposé aux salariés à l'issue d'un(e) :

- congé maternité ;
- congé parental (même à temps partiel) ;
- congé d'adoption ;
- congé sabbatique ;
- congé de proche aidant ;
- période de mobilité volontaire sécurisée ;
- arrêt longue maladie ;
- mandat syndical ou mandat titulaire de représentant du personnel.

Dans ces différents cas, l'entretien doit être proposé même si le salarié en a déjà bénéficié moins de 2 ans auparavant.

L'entretien peut aussi avoir lieu à la demande du salarié, à une date antérieure à la reprise de poste.

2. Parlez des perspectives d'évolution

L'entretien professionnel n'est pas destiné à évaluer le travail du salarié (ce qui fait l'objet de l'entretien annuel d'appréciation) mais à envisager avec lui ses perspectives d'évolution professionnelle, notamment en termes de qualification et d'emploi.

Remarque : il peut s'agir de perspectives d'évolution dans le poste actuel, ou dans un autre. De ces perspectives pourront découler des besoins spécifiques en formation.

3. Tous les 6 ans, récapituler le parcours professionnel

Tous les 6 ans, il faut réaliser un état récapitulatif du parcours professionnel du salarié. Cet état doit être formalisé par écrit, un exemplaire étant remis au salarié. Il doit recenser :

- les actions de formation suivies ;
- les éléments de certification éventuellement acquis par la formation ou par la validation des acquis de l'expérience ;
- les historiques de progression salariale et/ou professionnelle.
- Pour les représentants du personnel, l'entretien permet de recenser les compétences qu'ils ont acquises dans l'exercice de leur mandat.

4. L'absence d'entretien est sanctionnée

Les entreprises d'au moins 50 salariés qui n'organisent pas cet entretien professionnel tous les deux ans doivent verser 3 000€sur le compte personnel de formation (CPF) de chacun des salariés concernés par cette omission.

Pour échapper à la sanction, les entreprises doivent aussi prouver que, sur ces 6 ans, le salarié a bénéficié d'une formation non obligatoire, c'est-à-dire une formation qui n'est pas imposée par la loi, un règlement ou un texte international pour exercer l'activité.

Chapitre 4

L'entretien de mobilité et de recrutement

1. Préparez l'entretien

L'objet de l'entretien étant d'en savoir plus sur le candidat, mieux vaut éviter de découvrir son CV au moment du rendez-vous. Si son CV ne vous a pas été remis, demandez à en avoir une copie (au service RH par exemple).

Même si l'entretien doit garder une relative spontanéité, il est toutefois utile d'avoir un fil conducteur : notez sur une feuille les informations que vous voulez obtenir du candidat. Les questions à lui poser en découleront.

Remarque : s'il s'agit d'un entretien de mobilité interne, assurez-vous au préalable que le manager actuel du candidat est au courant de sa démarche. Cela vous permettra également de savoir si sa mise en mobilité est volontaire ou pilotée, c'est-à-dire initiée par son management.

2. Soyez conscient du risque de discrimination

Un candidat doit être évalué sur ses seules compétences, techniques ou relationnelles, et la loi proscrit toute discrimination fondée sur l'origine, le sexe, les mœurs, l'orientation sexuelle, l'identité de genre, l'âge, la situation de famille ou la grossesse, les caractéristiques génétiques, la particulière vulnérabilité résultant de la situation économique, apparente ou connue de son auteur, de l'appartenance ou de la non-appartenance, vraie ou supposée, à une ethnie, une nation ou une prétendue race, des opinions politiques, des activités syndicales ou mutualistes, de l'exercice d'un mandat électif, des convictions religieuses, de l'apparence physique, du nom de famille, du lieu de résidence ou de la domiciliation bancaire, ou en raison de l'état de santé, de la perte d'autonomie ou du handicap, de la capacité à s'exprimer dans une langue autre que le français, de la qualité de lanceur d'alerte, de facilitateur ou de personne en lien avec un lanceur d'alerte. Pour éviter d'être accusé de discrimination par un candidat mécontent de ne pas avoir été retenu (c'est rare mais cela arrive), mieux vaut éviter d'aller sur le terrain de sa vie privée. S'il en parle de lui-même écoutez-le, mais évitez d'aborder vous-même le sujet.

Remarque : certains managers se créent des fichiers dans lesquels ils enregistrent les informations collectées auprès des candidats qu'ils ont rencontrés : attention à ne pas y faire figurer des mentions potentiellement discriminatoires ou offensantes ! De manière générale, il reste préférable d'éviter ce genre de pratique.

3. Restez neutre

Laissez vos *a priori* au vestiaire ! Dès le premier contact, vous allez avoir un ressenti sur le candidat : apparence, façon de parler. Efforcez-vous, même si cela n'est pas toujours facile, de laisser ces impressions de côté.

Remarque : dans le cas d'un entretien de mobilité, il faut autant que possible faire abstraction de tout ce que vous avez pu entendre sur le candidat (ou lire dans ses entretiens annuels). Les « casseroles » qu'il traîne peuvent se justifier par un contexte particulier. En changeant de service, il change de contexte, ce qui lui sera peut-être bénéfique. Et puis méfiez-vous des (mauvaises) réputations : elles ne sont pas toujours justifiées.

4. Expliquez le poste

Missions confiées, périmètre de responsabilité, niveau d'autonomie : le candidat doit savoir où il met les pieds et ce que l'on attend de lui. En fin d'entretien, n'hésitez pas à lui demander ce qu'il a compris de l'entreprise et du poste et la manière dont il l'occuperait s'il était recruté.

Il est important de garder la maîtrise de l'entretien qui, on l'a vu, est limité en temps : s'il faut évidemment laisser le candidat s'exprimer, c'est à vous de fixer le rythme afin d'obtenir les informations dont vous avez besoin. Certains candidats, bavards, se lancent dans des digressions sans fin : à vous de les canaliser en posant des questions précises permettant de cadrer la réponse et de rebondir pour orienter l'échange sur d'autres sujets.

5. Évaluez les aptitudes relationnelles

Les compétences du candidat sont aussi importantes que la manière dont il va s'intégrer dans l'équipe et dans l'entreprise. Même s'il possède des compétences rares et très difficiles à trouver, cela ne doit pas vous pousser à occulter les autres aspects de sa personnalité : s'il connaît parfaitement son métier mais a des difficultés relationnelles telles qu'elles compromettent sa capacité à s'intégrer dans l'équipe ou à respecter les méthodes de travail, vous risquez, à terme, d'avoir un sérieux problème à gérer.

La manière dont il parle de ses expériences passées, du rôle qu'il a joué et de celui qu'ont joué les autres est un bon indicateur.

Remarque : fiez-vous à votre propre ressenti par rapport au déroulement de l'entretien : le candidat est-il à l'écoute ? Répond-il à vos questions ou fait-il les réponses qui l'arrangent ? Si vous lui demandez d'être bref dans ses réponses, s'adapte-t-il à cette demande ?

---

6. Évaluez les compétences

Il se peut que vous ne possédiez pas vous-même les compétences que vous devez évaluer chez un candidat. Dans ce cas, il est possible de solliciter la participation d'un autre salarié de l'entreprise ou du service qui, ayant une bonne connaissance du métier, sera à même d'évaluer objectivement les compétences requises. Soyez transparent avec le candidat et informez-le au préalable qu'il pourra être évalué sur des aspects purement « métier ».

Remarque : il est aussi possible d'organiser un test de mise en situation (ex. : saisie de courrier pour une secrétaire). Le candidat doit en être informé, cette information pouvant lui être donnée par le service RH lors de la prise de RDV pour l'entretien.

---

7. À la fin de l'entretien, faites reformuler le candidat

En fin d'entretien, vous pouvez demander au candidat de vous dire ce qu'il a retenu de vos échanges et compris du poste. Ce travail de reformulation vous permettra de voir si vous êtes sur la même longueur d'ondes.

N'hésitez pas (sans suggérer la réponse !) à lui demander ce qui, *a priori*, l'intéresse le plus et, *a contrario*, l'intéresse le moins. Si ce qui l'intéresse le moins est ce qu'il vous intéresse le plus de trouver chez votre futur collaborateur, il risque d'y avoir un problème !

8. Notez ses prétentions salariales

Vous pouvez demander au candidat quelles sont ses prétentions salariales. La plupart du temps, il vous donnera son salaire actuel (en le majorant un peu !) et ses attentes. N'hésitez pas à lui demander le détail de sa rémunération : montant de la part fixe, de la part variable, des primes, avantages en nature (voir page 59).

Contentez-vous de recueillir ses prétentions sans autre commentaire et, à ce stade, ne prenez surtout aucun engagement en la matière !

9. N'avancez pas d'informations dont vous n'êtes pas certain

Même si vous êtes enthousiasmé par l'entretien, ne dites pas au candidat qu'il aura le poste. Il se peut que vous ayez d'autres candidats à rencontrer après lui, et que l'un d'entre eux vous convienne davantage. Il se peut aussi que l'enthousiasme retombe au bout de quelques heures et que vous trouviez que le candidat n'est finalement pas si adapté à votre besoin. Vous pouvez bien sûr lui signifier votre intérêt pour sa candidature mais ne laissez rien entrevoir qui pourrait le rendre trop confiant quant à l'obtention du poste : si, au final, vous décidez de ne pas retenir sa candidature, il vous sera d'autant plus difficile de le justifier.

Il en va de même pour les questions salariales : ne donnez pas d'information en la matière si vous n'êtes pas seul décisionnaire. Même si vous prenez des précautions oratoires et indiquez une fourchette, le candidat va enregistrer l'information qui l'arrange. Si, au final, vous lui faites une proposition d'embauche d'un niveau moindre, vous générerez de la déception et de la frustration, ce qui ne sera pas le meilleur moyen d'entamer une collaboration.

Remarque : si le candidat vous interroge sur la question, dites-lui tout simplement que vous ne pouvez pas lui répondre à ce stade et que vous préférez ne rien lui dire que de lui donner une mauvaise information.

---

10. Collecte des données personnelles : gare aux « fichiers sauvages »

Soyez extrêmement vigilants quant aux informations personnelles (c'est-à-dire toute information permettant d'identifier directement ou indirectement une personne physique : nom, numéro de téléphone, de sécurité sociale...) que vous collectez sur les salariés ou sur les candidats à l'embauche. En cas de contrôle, vous devez pouvoir justifier les raisons pour lesquelles ces données sont collectées et démontrer qu'elles sont stockées sur des espaces sécurisés et qu'elles ne sont accessibles qu'à un nombre limité de personnes. Et surtout, elles ne doivent pas être conservées indéfiniment !

Les entreprises qui ne respectent pas ces règles s'exposent à des sanctions très lourdes. Ces contraintes concernent tout un chacun : les services RH bien sûr, qui traitent un grand nombre de données personnelles, mais aussi les managers. En effet, il arrive qu'ils se créent leurs propres fichiers dans lesquels ils enregistrent des informations personnelles sur leurs collaborateurs, ou les candidats qu'ils rencontrent. Cette pratique doit être proscrite : la gestion des données personnelles doit être définie et maîtrisée au niveau de l'entreprise et il n'est pas question de laisser les uns et les autres créer des « fichiers sauvages » dont l'employeur ne peut par définition maîtriser le contenu. Les informations déjà collectées par les RH doivent suffire aux managers puisqu'ils ont accès à celles qui sont utiles à l'exercice de leurs fonctions.

Chapitre 5

L'entretien de recadrage

1. Ne pas laisser les choses empirer

Problème de comportement, de discipline ou de compétences... l'entretien de recadrage peut s'avérer utile en de multiples circonstances. C'est un acte de management courant et essentiel qui doit aboutir à un changement de comportement. Mais il nécessite aussi du courage : il est souvent plus facile de ne rien faire !

2. Après l'heure, c'est trop tard

Recadrer, c'est être réactif : lorsqu'un manager identifie un problème, il doit réagir rapidement pour éviter qu'il n'empire.

Remarque : une explication à chaud nécessite de garder la tête froide ! Si les esprits sont particulièrement échauffés, mieux vaut attendre que la tension retombe et dire au salarié que l'on tient à le rencontrer sur tel problème mais que cela se fera lorsque la situation sera un peu plus calme.

3. S'isoler avec le salarié

La pire des choses à faire est de recadrer le salarié devant ses collègues : vous devez le rencontrer seul à seul.

Avant de démarrer l'entretien, vous devez précisément savoir ce que vous allez lui dire :

- préciser la nature du problème : vous devez être capable de le décrire de manière précise et factuelle, de le dater, d'en donner des exemples concrets ;
- expliquer les répercussions sur l'équipe, sur l'entreprise et bien sûr, sur le salarié lui-même ;
- exposer au salarié les risques qu'il encourt si la situation ne change pas (sanction, changement de poste, modification des attributions...).

Restez calme, sans agressivité : sans minorer le problème, il faut dépassionner le débat et rester concentré sur le fond. Ne portez pas de jugement, restez objectif et impartial, surtout s'il s'agit de régler un conflit entre salariés : ne prenez pas parti, *a fortiori* si vous n'avez pas connaissance de tous les éléments du problème !

Remarque : l'entretien de recadrage suppose que le problème soit clairement posé : il doit déboucher sur un changement de comportement.

Le salarié doit bien comprendre que si les choses restent en l'état et que son comportement n'évolue pas, il s'expose à des sanctions.

4. Fixez des objectifs et faites adhérer le salarié

Vous devez être clair avec le collaborateur sur le comportement que vous attendez de lui et sur le délai qui lui est imparti pour redresser la barre. S'il s'agit d'un problème de discipline (difficultés relationnelles, retards répétés), l'amélioration doit s'opérer sans délai !

Si le problème est lié aux méthodes de travail ou aux compétences du salarié, il sera peut-être nécessaire de prévoir davantage de temps, et de mettre en place des actions spécifiques (suivi accru par le manager, « parrainage » par un autre salarié, formation...).

5. Ce n'est pas un entretien de sanction mais il s'en rapproche

L'entretien de recadrage se veut avant tout ouvert et constructif afin de redresser une situation que vous n'estimez pas satisfaisante. Ce n'est donc pas un entretien de sanction. Il n'empêche que la différence entre un entretien de recadrage et un avertissement peut parfois être ténue, notamment lorsque le manager décide de consigner les échanges par écrit.

S'il conclut par exemple le bilan de l'entretien en enjoignant au salarié de changer rapidement de comportement sous peine de sanction, il s'agit clairement d'un avertissement. Or, un avertissement est une sanction : il ne sera pas possible de sanctionner le salarié pour les mêmes faits si aucun élément nouveau ne s'est produit entre l'entretien de recadrage et la sanction.

Remarque : prenons un exemple : après avoir recadré un salarié sur tel ou tel problème, vous lui adressez un compte-rendu écrit de vos échanges. Après quelques heures de réflexion, vous vous dites que les faits reprochés mériteraient tout de même d'être sanctionnés et vous lui adressez alors un avertissement. Le salarié pourra le contester devant les prud'hommes, estimant que l'entretien de recadrage constituait déjà un avertissement. En effet, une règle importante veut que de mêmes faits ne puissent être sanctionnés deux fois en l'absence d'éléments nouveaux survenus dans l'intervalle.

Le fait qu'un entretien de recadrage puisse être requalifié en avertissement n'est pas très grave en soi et ne doit pas dissuader le manager d'agir, mais il est important de savoir qu'il peut être considéré comme une sanction, même légère.

? Renseignez-vous auprès de votre service RH.

6. Un compte rendu écrit est souvent souhaitable

Consigner les échanges par écrit est utile à plusieurs titres. Cela permet :

- de « fixer » les manques et les progrès attendus du salarié ;
- de donner plus de poids à l'entretien et aux attentes que vous avez formulées ;
- de garder une trace, un antécédent, donc d'avoir des éléments si la situation ne s'améliore pas et qu'il faut envisager des mesures plus sévères (sanction).

Partie 4

Le télétravail et le management à distance de votre équipe

Chapitre 1

Le télétravail

1. Qu'est-ce que le télétravail ?

Le télétravail est une simple modalité d'exécution à distance des tâches habituelles que le salarié effectue normalement dans les locaux de l'entreprise. Le salarié travaille, de façon volontaire, en totalité ou partiellement, à son domicile ou dans des locaux à l'extérieur de l'entreprise (télécentre, espaces de coworking) en utilisant des outils numériques.

2. L'employeur est-il tenu de mettre en place le télétravail ?

Non. La mise en place du télétravail est une décision de l'employeur qui relève de son pouvoir d'organisation de l'entreprise. Rien ne l'y oblige. Et ce même si les tâches effectuées par les salariés peuvent l'être à distance.

3. Comment mettre en place le télétravail ?

La mise en place du télétravail dans l'entreprise ou l'établissement suppose normalement la signature d'un accord d'entreprise.

À défaut d'accord, l'employeur peut, après avoir consulté le comité social et économique (CSE) élaborer une charte.

L'intérêt de l'accord ou de la charte est de fixer un cadre collectif, des règles communes de mise en place du télétravail qui sont partagées entre la direction, les représentants du personnel, les managers et les salariés.

À cet égard, l'accord ou la charte doivent mentionner :

- les conditions de passage en télétravail (services éligibles, nature du poste, ancienneté du salarié, degré d'autonomie du salarié dans la réalisation de ses tâches...) ;
- les modalités d'acceptation par le salarié du télétravail ;
- les modalités de contrôle du temps de travail et de la charge de travail ;

- la détermination des plages horaires durant lesquelles l'employeur peut habituellement contacter le salarié en télétravail ;
- les modalités d'accès des travailleurs handicapés et des femmes enceintes au télétravail.

Remarque : renseignez-vous auprès de votre service RH pour savoir si votre entreprise dispose d'un accord ou d'une charte.

4. Faut-il consulter le CSE pour mettre en place le télétravail ?

Lorsque le télétravail est mis en place par décision unilatérale, le CSE doit être consulté sur le sujet.

S'il est mis en place par accord collectif, le CSE n'est pas consulté sur le projet d'accord mais devrait l'être sur la mise en place du télétravail en elle-même, qui a un impact direct sur les conditions de travail.

5. Que se passe-t-il en l'absence d'accord ou de charte sur le télétravail ?

Un simple accord entre l'employeur et le salarié suffit. Cet accord peut être formalisé par tout moyen, selon la loi.

S'il s'agit d'autoriser exceptionnellement une personne de votre équipe à télétravailler une seule journée, un simple mail suffit, voire un échange de SMS. L'essentiel est que le manager soit informé et qu'il ait donné son accord.

S'il s'agit d'organiser de façon régulière le télétravail, un écrit est vivement conseillé, idéalement par avenant au contrat de travail du salarié dans lequel sont définis au minimum la période couverte par le télétravail (1 an renouvelable par exemple) et le nombre de jours qui seront effectués à distance.

6. Pouvez-vous imposer le télétravail à vos équipes ?

Non jamais. Même en présence d'un accord ou d'une charte, le passage en télétravail d'un salarié requiert toujours son accord. Le salarié ne peut pas être sanctionné ou licencié en raison de son refus de télétravailler.

Remarque : le télétravail peut tout de même être imposé en cas de circonstances exceptionnelles, notamment de menace d'épidémie, de force majeure ou de forte pollution. Dans ce cas, il est considéré comme un aménagement du poste de travail rendu nécessaire pour permettre la continuité de l'activité de l'entreprise et garantir la protection des salariés. Le salarié ne peut donc, par principe, pas refuser le passage en télétravail qui est rendu nécessaire par la situation. La période d'état d'urgence liée à l'épidémie de Covid-19 que nous avons connue illustre parfaitement cette exception : le maintien à domicile des salariés était le meilleur moyen de protéger chacun contre le Covid-19 et pour cela, l'employeur pouvait refuser l'accès au site de l'entreprise et imposer le télétravail.

7. Pouvez-vous embaucher un salarié en télétravail ?

Oui. Vous pouvez parfaitement convenir dès le début du contrat que le salarié effectuera, totalement ou partiellement, sa mission en télétravail.

Là encore, si vous souhaitez ensuite que le salarié effectue sa mission en totalité dans les locaux de l'entreprise, il vous faudra son accord. Vous ne pourrez pas lui imposer.

8. Pouvez-vous refuser le télétravail à votre équipe ou une partie de l'équipe ?

Deux cas de figure doivent être distingués.

Première hypothèse, l'entreprise ne dispose ni d'un accord ni d'une charte. Elle peut parfaitement refuser le télétravail à tout salarié qui le demande. Si une demande de télétravail a déjà été acceptée, l'employeur ou le manager devra dans ce cas justifier son refus lors de chaque nouvelle demande et expliquer au salarié les raisons pour lesquelles il ne peut pas télétravailler.

Seconde hypothèse, l'entreprise a signé un accord ou rédigé une charte. L'employeur et/ou le manager doivent s'y conformer. Dès l'instant que tel service ou unité de travail est éligible au télétravail, l'employeur devra impérativement justifier son refus (ancienneté insuffisante, manque d'autonomie...). Si le salarié répond aux critères définis par la charte ou l'accord, le refus sera impossible.

Accepter le télétravail pour un salarié et le refuser sans raison pour un autre salarié du même service placé dans des conditions identiques serait discriminatoire.

En revanche, l'entreprise peut parfaitement refuser dans l'accord ou la charte le télétravail à une catégorie de salariés (les commerciaux par exemple). Il est nécessaire dans ce cas que les services visés par ce refus soient clairement listés et identifiés, afin d'éviter tout contentieux.

9. Le médecin du travail peut-il imposer le passage en télétravail ?

Oui dans une hypothèse : lorsque le médecin du travail déclare le salarié inapte à son poste et propose comme mesure de reclassement un passage en télétravail (partiel ou total).

L'employeur doit respecter les préconisations du médecin du travail et faire tout son possible pour reclasser le salarié. S'il ne dispose d'aucun poste sur site (sans télétravail) conforme aux préconisations du médecin du travail, il devra proposer le poste avec télétravail au salarié.

En tout été de cause, l'employeur ne pourra pas faire valoir qu'il n'a jusqu'à présent aucun salarié en télétravail pour ne pas donner suite à la proposition du médecin du travail.

10. La loi limite-t-elle le nombre de jours possibles en télétravail ?

Non. L'entreprise détermine le nombre de jours qu'elle souhaite ouvrir au télétravail. Ce peut être 1 jour par semaine, plusieurs, voire même à plein-temps. Il est également possible d'alterner une semaine sur site, une semaine à distance.

L'entreprise dispose de ce point de vue d'une totale liberté d'organisation.

Chapitre 2

Les droits du télétravailleur

1. Quels sont les droits du salarié en télétravail ?

Le salarié en télétravail, qu'il soit occasionnel ou régulier, est un salarié comme les autres. Il a les mêmes droits et avantages que ses collègues et le manager ne peut opérer aucune différence de traitement en raison du travail à distance.

2. Le télétravailleur est-il soumis à l'horaire collectif de l'entreprise ?

Oui. Le télétravailleur est soumis aux mêmes règles horaires que les salariés travaillant sur site.

Remarque : le manager doit en tenir compte ; il ne peut pas solliciter ses équipes en télétravail à toute heure.

Si l'entreprise applique un horaire collectif, le télétravailleur y est soumis. Il en va de même si un régime d'horaires variables s'applique.

Si le salarié est autonome et se trouve de ce fait au forfait (heures ou jours), le manager devra s'assurer que son temps de travail n'est pas excessif et que le salarié parvient à concilier vie privée et vie professionnelle.

3. Le télétravailleur doit-il badger ou pointer ?

Oui au même titre que les autres salariés si un tel système est mis en place et que le salarié y est normalement assujetti. Le fait de travailler à distance ne dispense pas le télétravailleur d'utiliser le système de gestion des temps mis en place par l'employeur. S'il ne le fait pas, il pourra faire l'objet de rappels à l'ordre voire de sanctions disciplinaires si c'est nécessaire.

4. Le télétravailleur doit-il respecter des plages horaires de travail ?

L'accord collectif, ou à défaut, la charte élaborée par l'employeur mettant en place le télétravail peut prévoir des plages horaires durant lesquelles l'employeur peut habituellement contacter le salarié en télétravail.

Si le salarié n'est pas joignable durant ces plages horaires, il pourrait, en théorie, être sanctionné.

5. Le télétravailleur peut-il percevoir des heures supplémentaires ?

Oui, dès l'instant que les heures effectuées au-delà de la durée légale l'ont été à la demande de l'employeur. C'est la raison pour laquelle l'employeur doit être en mesure de calculer la durée du travail effectuée par les salariés, qu'ils soient ou pas en télétravail.

Il est de la responsabilité du manager de contrôler la durée du travail effectuée par ses équipes en télétravail et de vérifier que le salarié n'effectue pas à son domicile plus d'heures qu'il n'est normalement nécessaire.

6. Quel est l'impact du télétravail sur la rémunération du salarié ?

Aucun. Le passage en télétravail ne peut justifier en aucune façon une modification de sa rémunération ou des primes qu'il percevait.

Si le télétravail génère des frais supplémentaires pour le salarié, ceux-ci sont normalement à la charge de l'employeur.

7. Que se passe-t-il en cas d'accident du salarié à domicile ?

Cet accident est considéré comme un accident du travail s'il survient durant les heures de travail.

8. L'entreprise doit-elle fournir un ordinateur au salarié ?

Normalement oui, dès lors que le télétravail s'opère à la demande de l'employeur de façon régulière. Cela est même préférable pour des raisons de sécurité informatique.

Mais il arrive que les salariés utilisent leur propre ordinateur lorsqu'ils travaillent chez eux.

Chapitre 3

Encadrer une équipe en télétravail

1. Le manager doit veiller au risque d'isolement des salariés qui travaillent à distance

Vis-à-vis de son équipe, les droits et devoirs du manager sont les mêmes, que celle-ci soit présente physiquement ou travaille à distance.

Il doit néanmoins veiller à garder le contact avec les salariés qui travaillent à distance pour éviter tout risque d'isolement de leur part.

Ce contact peut être maintenu via des points réguliers avec le salarié, des réunions d'équipe ou des échanges informels via la messagerie ou un système de chat ou de visioconférence.

Avec les salariés présents sur le site, le manager peut avoir plusieurs fois par jour des échanges informels autour de la machine à café, du coin fumeurs ou le midi lors de la pause déjeuner. Les personnes en télétravail sont coupées de ces échanges. Il est important de pouvoir en créer d'autres à distance pour que le salarié ne se sente pas coupé du collectif.

Remarque : le recours à la visioconférence présente un autre avantage : percevoir le langage non verbal du salarié. Le malaise qui ne transparaît pas nécessairement à la lecture d'un mail ou d'échanges de SMS peut être perçu grâce à la vidéo.

2. Gare au contrôle excessif et tatillon

Le Covid-19 a probablement permis une évolution des mentalités sur ce point.

Un certain nombre de managers montrent des réticences vis-à-vis du télétravail, craignant pour certains de perdre une partie de leur autorité ou de leur pouvoir, redoutant pour d'autres une moindre productivité de leurs salariés, voire un laisser-aller. Les études montrent que ces craintes sont vaines.

Pour pallier ces craintes, la tentation de multiplier les contrôles et les reportings existe. Elle est inefficace, voire contre productive, car elle instaure un climat de défiance vis-à-vis du salarié.

Le manager peut (doit même pour les raisons évoquées ci-dessus) opérer avec son équipe à distance des points réguliers mais sans tomber dans un contrôle tatillon et permanent du salarié.

La notion de confiance est un prérequis indispensable à la mise en œuvre et au bon déroulement du télétravail. Une surveillance excessive n'est pas de nature à créer cette confiance.

Il serait contre-productif que le télétravail devienne une source de stress. Souvent, les salariés le demandent pour pouvoir mieux se concentrer et pouvoir finir une tâche sans être dérangés.

Remarque : les études montrent que le recours au télétravail peut être gagnant-gagnant : les entreprises en attendent majoritairement une amélioration de leur attractivité et une baisse de l'absentéisme ; les salariés une meilleure qualité de vie au travail, une réduction du temps de trajet et une meilleure concentration.

---

3. Le manager peut-il imposer une réunion à un télétravailleur ?

Oui, il peut imposer une réunion à un salarié en télétravail. Celle-ci s'effectuera de préférence à distance via un système de visioconférence.

Il peut aussi exiger la présence physique du salarié. Mais cela ne doit pas être systématique.

4. Le manager doit respecter le droit à la déconnexion et la vie privée du salarié

Le télétravailleur bénéficie des mêmes horaires que ses collègues. À cet égard, le manager doit être vigilant : il ne doit pas solliciter le salarié en dehors des plages horaires de travail, respecter la pause de midi, les durées maximales de travail et le repos hebdomadaire. Gare aux échanges de mails répétés tard le soir ou le week-end. Le rôle du manager est essentiel sur ce point.

Il l'est d'autant plus que l'absence de séparation physique entre la sphère privée et la sphère professionnelle peut conduire certains salariés à peiner à se déconnecter.

Le manager doit veiller à cette déconnexion et garantir le bon équilibre entre vie privée et vie professionnelle.

5. Éviter le risque de surcharge de travail

Les entreprises qui ont adopté le télétravail l'observent : c'est un facteur d'amélioration de la productivité, liée notamment au fait que les salariés peuvent plus facilement se concentrer au calme chez eux que dans les locaux de l'entreprise ou les sollicitations sont plus nombreuses.

Le revers de la médaille est le risque de surcharge de travail. Le manager doit contrôler que la charge de travail de ses collaborateurs n'est pas excessive.

Il doit être particulièrement vigilant vis-à-vis des membres de son équipe qui travaillent déjà beaucoup et peinent à se déconnecter de leur travail. Cette attitude peut s'amplifier avec le télétravail. La vigilance s'impose pour éviter le risque de surmenage ou de burn out.

Remarque : en tout état de cause, les modalités de contrôle du temps de travail ou de régulation de la charge du travail doivent être précisées par l'accord collectif, ou, à défaut, la charte mettant en place le travail. En outre, le manager se doit d'organiser chaque année un entretien avec le salarié en télétravail pour s'assurer, notamment, que la charge de travail n'est pas excessive.

Connaître les éléments de la rémunération

Partie 5

Chapitre 1

Le salaire et ses composantes

Synthèse des différents éléments de rémunération

Éléments de rémunération	Description
Salaire de base	Doit au moins être égal au Smic ou au salaire minimum conventionnel (SMC)
Salaire variable (en tout ou partie)	Lié à la performance individuelle du salarié. Calculé en fonction de critères objectifs, réalistes et connus du salarié
13e mois	Équivalent à 1 mois de salaire et indépendant de la performance du salarié
Prime d'ancienneté	Montant exclusivement lié à l'ancienneté du salarié dans l'entreprise. Généralement prévue par la convention collective applicable
Autres primes et gratifications	Versées dans plusieurs cas de figure : compenser une sujétion particulière (froid, danger, saleté...), récompenser la performance (prime de rendement, prime sur objectifs...) ou la qualité du travail fourni (prime exceptionnelle), reconnaître un événement particulier (mariage, naissance...)
Avantages en nature	Véhicule de fonction, logement, téléphone portable, ordinateur, tablette. Soumis à cotisations sociales et impôt sur le revenu, ils doivent être valorisés (selon un barème fiscal) et réintégrés à la rémunération du salarié
Titres-restaurant	Permettent de financer tout ou partie du repas pris à l'extérieur de l'entreprise. Peuvent être utilisés dans les magasins d'alimentation
Intéressement et participation	D'un montant aléatoire, ils n'ont pas la qualité de salaire. Ces sommes peuvent être perçues directement par le salarié ou placées sur un plan d'épargne de l'entreprise. Seules les sommes placées sont exonérées d'impôts et de cotisations.

Chapitre 2

Les augmentations annuelles

1. Un processus très encadré

Les augmentations de salaire peuvent être d'origine légale ou conventionnelle, auquel cas elles s'imposent à l'employeur, ou résulter d'une décision unilatérale de celui-ci.

Dans les entreprises de plus de 50 salariés, une négociation sur les salaires et leur revalorisation doit s'engager chaque année. C'est une obligation de négocier, pas d'aboutir à un accord.

Le processus d'augmentation est encadré : le manager n'a pas totale liberté pour décider des augmentations qu'il va attribuer. Il est tenu par l'enveloppe d'augmentation définie au niveau de l'entreprise qui correspond à un pourcentage de la masse salariale.

Remarque : l'enveloppe fixe les pourcentages d'augmentation générale (AG) et d'augmentation individuelle (AI). Des pourcentages différents peuvent être définis d'une catégorie à l'autre (ex. : entre cadres, employés et ouvriers).

Attention aux revalorisations de coefficient : certaines conventions collectives prévoient des évolutions de coefficient en fonction notamment de l'ancienneté du salarié dans le poste. Elles peuvent aussi prévoir un salaire minimum pour chaque coefficient (le « minimum conventionnel ») : il se peut que le salarié passant à un coefficient supérieur se retrouve avec une rémunération inférieure au minimum prévu, il faudra alors la réajuster.

2. Augmentations générales, augmentations individuelles

Les augmentations générales s'appliquent à tous les salariés relevant d'une même catégorie professionnelle, indépendamment de leurs résultats individuels réels. Quel que soit leur niveau de performance, ils bénéficient du même pourcentage d'augmentation que leurs collègues et le manager n'a aucun pouvoir d'individualisation : il est « tenu » par le pourcentage d'augmentation défini.

Remarque : les augmentations générales concernent le plus souvent les salariés situés aux niveaux de rémunération les plus faibles de l'entreprise.

Les augmentations individuelles rétribuent la performance individuelle d'un salarié. Le plus souvent, chaque manager fait des propositions d'augmentation pour les collaborateurs qu'il veut valoriser, l'ensemble des propositions étant ensuite validé par la direction.

Remarque : toute la difficulté est de définir des niveaux d'augmentation sans sortir de l'enveloppe : certains salariés bénéficieront d'un pourcentage plus important que d'autres. L'essentiel est que la moyenne des augmentations attribuées reste bien dans l'enveloppe.

Ces augmentations individuelles (qui, par définition, varient d'un salarié à l'autre) peuvent créer des écarts de rémunération entre des salariés exerçant des fonctions identiques ou, tout au moins, comparables. En vertu du principe d'égalité salariale (voir ci-après), ces écarts doivent être justifiés par des éléments objectifs tels que l'expérience ou la performance dans le poste. Vous devez être capable d'expliquer objectivement les raisons qui vous ont amené à attribuer tel niveau d'AI, ou, au contraire, à ne pas en accorder.

Il est possible de combiner augmentations générales et augmentations individuelles.

3. Cas des augmentations « hors enveloppe » (ou « exceptionnelles »)

Certains événements (changement de poste, promotion) peuvent s'accompagner d'une revalorisation salariale importante : difficile de consacrer toute l'enveloppe à un seul collaborateur ! Pour ne pas pénaliser les autres, il est possible de sortir certaines augmentations de l'enveloppe – elles ne sont ainsi pas déduites de l'enveloppe globale (on parle souvent dans ce cas « d'augmentations exceptionnelles »).

Chapitre 3

Respecter l'égalité salariale

1. À travail égal, salaire égal

L'égalité salariale ne fixe pas comme principe absolu que tous les salariés doivent percevoir le même salaire : elle signifie que des écarts de rémunération peuvent exister entre salariés effectuant un travail identique ou de valeur égale mais qu'ils doivent être justifiés par des raisons objectives (ex. : expérience, ancienneté, quantité ou qualité du travail fourni).

Remarque : les augmentations individuelles variant d'un salarié à l'autre en fonction de leurs performances, il est logique que des écarts puissent se creuser. Mais vous devez pouvoir les justifier par des éléments objectifs.

2. L'égalité femmes-hommes

L'égalité salariale entre les femmes et les hommes est un aspect de l'égalité salariale. Elle est soumise aux mêmes règles : les écarts de rémunération pouvant exister doivent être justifiés par des raisons objectives, la différence de sexe n'en étant pas une !

Attention ! Le non-respect du principe d'égalité de rémunération entre les femmes et les hommes est passible d'une contravention !

3. Pouvoir expliquer un écart de rémunération

Plusieurs éléments peuvent justifier des différences de salaire entre salariés exerçant des fonctions comparables :

- l'expérience, sachant que celle acquise chez un autre employeur ne peut justifier un écart que lors de l'embauche et si cette expérience est directement en lien avec le poste occupé ;
- la quantité ou la qualité du travail fourni ;
- les circonstances de l'embauche : pénurie de candidats disposant des compétences requises, recrutement effectué en urgence.

En revanche, la seule différence de diplômes ne justifie pas une différence de salaire entre deux salariés exerçant des fonctions comparables si le diplôme en question n'est pas directement utile à l'exercice de la fonction (ex. : ingénieur recruté pour effectuer un travail de technicien).

4. Cadre de la comparaison

La comparaison s'effectue entre salariés occupant le même poste ou occupant des postes comparables. Il n'est pas nécessaire d'exercer des fonctions identiques : il suffit qu'elles soient d'importance comparable en termes de niveau hiérarchique occupé, de responsabilités exercées, d'aptitudes requises et de charge nerveuse engendrée.

Remarque : si les opinions divergent quant à savoir si deux postes sont, ou non, de niveau identique, et que le désaccord atterrit devant le conseil de prud'hommes, ce sera au juge d'apprécier, en fonction des éléments fournis par les parties, si la différence de traitement est justifiée ou non.

L'égalité salariale s'apprécie évidemment par rapport au salaire de base mais pas uniquement : elle vaut aussi pour les primes, les avantages en nature (véhicule, téléphone, logement…), les éléments de classification professionnelle…

Remarque : la comparaison peut s'effectuer au niveau de l'entreprise. En revanche, elle ne peut pas s'effectuer entre des entreprises différentes, même si elles appartiennent au même groupe.

5. Qu'est-ce que l'index de l'égalité professionnelle ?

Toute entreprise d'au moins 50 salariés doit chaque année au 1er mars calculer et publier sur son site un index, évalué sur 100 points, ainsi que la note de chacun des indicateurs de cet index. En dessous de 75 points, l'entreprise doit mettre en œuvre les mesures pour corriger les inégalités de salaires et éviter une sanction.

Les indicateurs utilisés sont les suivants :

- les écarts de rémunération entre les femmes et les hommes,
- les écarts des augmentations entre les femmes et les hommes,
- les écarts de répartition des promotions entre les femmes et les hommes,
- le pourcentage de salariées augmentées après la maternité,
- la parité entre les femmes et les hommes parmi les 10 plus hautes rémunérations.

? Renseignez-vous auprès de votre service RH pour connaître les modalités de calcul.

6. Cas des salarié(e) s de retour de congé maternité ou d'adoption

Les salarié(e) s revenant de congé maternité ou d'adoption doivent bénéficier :

- des augmentations générales attribuées à leurs collègues en leur absence ;
- de la moyenne des augmentations individuelles attribuées en leur absence aux salariés relevant de la même catégorie professionnelle.

Remarque : l'augmentation des salariées à l'issue d'un congé de maternité est l'un des indicateurs de l'index de l'égalité professionnelle (voir ci-dessus).

Chapitre 4

Les primes

1. Une prime, c'est du salaire

Les primes sont des accessoires du salaire. Il est difficile de les lister toutes car elles sont nombreuses. Elles peuvent être accordées pour :

- compenser une sujétion particulière (travail de nuit, dans le froid, exposé à des salissures ou à un danger particulier...) ;
- récompenser le salarié (prime de rendement, prime sur objectifs...) ;

- célébrer un événement particulier (naissance, mariage…) ;
- compenser des frais professionnels engagés par le salarié : plutôt que de les lui rembourser sur présentation d'un justificatif, l'employeur peut lui attribuer chaque mois une somme forfaitaire destinée à couvrir ces frais (prime de transport, prime de repas…).

2. Elles peuvent être obligatoires ou facultatives

Une prime est considérée comme obligatoire lorsqu'elle est prévue par une disposition conventionnelle, par le contrat de travail du salarié, par un usage ou par un engagement unilatéral de l'employeur. Une fois instaurée, elle ne peut plus être modifiée ou supprimée sur la seule décision de l'employeur. Il doit dénoncer ou modifier l'accord ou l'usage à l'origine de la prime.

Remarque : il est possible de soumettre l'attribution d'une prime à la réalisation de certaines conditions ou à l'atteinte de certains objectifs dès lors que ces critères sont licites et non discriminatoires : objectif de chiffre d'affaires, condition de présence dans l'entreprise lors du versement, proratisation en fonction du temps de présence dans l'année… En revanche, les primes de nature à compromettre la sécurité des salariés sont interdites (ex. : objectifs fixés à un chauffeur-livreur ne pouvant que l'inciter à rouler au-dessus des limites autorisées).

Les primes facultatives (aussi appelées bénévoles) sont celles dont le versement est laissé au choix de l'employeur, qui est également libre d'en déterminer le montant. Une prime exceptionnelle, récompensant un effort particulier fourni par le salarié ou sa bonne performance dans le poste, est une prime bénévole.

L'employeur peut librement décider de la supprimer ou de la modifier.

Remarque : attention ! Malgré leur caractère discrétionnaire, les primes bénévoles n'en doivent pas moins respecter le principe d'égalité professionnelle : là encore, il faut être en mesure de justifier par des raisons objectives les différences de traitement opérées entre deux salariés se trouvant dans une situation identique.

---

3. *Quid* de l'usage ?

Des primes peuvent être prévues par un usage propre à une profession ou à une zone géographique. Cet usage, règle par définition non écrite, s'impose à l'employeur, qui est alors obligé de verser la prime.

Remarque : il est toutefois possible de dénoncer un usage, en respectant 3 étapes : informer les représentants du personnel, informer les salariés et respecter un délai de prévenance.

? Renseignez-vous auprès de votre service RH.

Chapitre 5

Les frais professionnels

1. Frais engagés par le salarié pour son travail

Les frais professionnels sont des frais que le salarié engage pour les besoins de son travail et non pour sa seule convenance personnelle : frais de déplacement, d'hébergement, de restauration.

Ils ne peuvent pas être imputés sur sa rémunération et doivent lui être remboursés.

Remarque : l'employeur peut aussi les prendre en charge directement et financer lui-même la prestation (billet de train ou d'avion, location de voiture...).

2. Un remboursement au réel

L'employeur rembourse au salarié les frais que celui-ci a engagés : le salarié doit alors lui présenter les justificatifs de dépenses (note d'hôtel ou de restaurant, ticket de carburant...).

L'employeur peut exiger que ces justificatifs lui soient remis dans un certain délai et refuser de rembourser le salarié qui ne les lui remet pas ou le fait avec retard.

Remarque : il n'est pas possible de rembourser le salarié en deçà des sommes qu'il a réellement dépensées. Mais certains peuvent aussi abuser et se livrer à des dépenses « somptuaires », d'où l'intérêt de fixer des règles et des plafonds de remboursement : billets de train remboursés sur la base du tarif 2e classe, notes de restaurant plafonnées à 50 €, chambre d'hôtel plafonnée à 150 €... S'il a prévu de telles dispositions, l'employeur remboursera dans la limite des plafonds définis, les dépassements restant à la charge du salarié.

Dans certains cas, le remboursement au réel est obligatoire et ne peut être remplacé par un remboursement forfaitaire (exemple : indemnités destinées à compenser les frais de déménagement exposés par le salarié dans le cadre d'une mobilité professionnelle...).

3. Un remboursement forfaitaire

L'alternative au remboursement sur la base des frais réels est le remboursement forfaitaire : dans ce cas, le salarié perçoit une somme forfaitaire, fixée à l'avance, sur laquelle viennent s'imputer les dépenses qu'il effectue à titre professionnel. Si celles-ci excèdent le montant forfaitaire qui lui a été alloué, il doit être remboursé sur la base des dépenses réellement engagées.

Avec cette modalité de remboursement, aucun justificatif (facture) n'est exigé.

4. Les frais de déplacement

Les frais de déplacement sont engagés par le salarié pour les besoins de son travail : aller voir un client, se déplacer dans une filiale, se rendre à une réunion professionnelle. De tels déplacements ne doivent rien lui coûter et lui être totalement remboursés.

5. Les frais de transport

Les frais de transport sont ceux que le salarié engage pour aller de son domicile à son lieu de travail et en revenir. Il ne s'agit pas de frais professionnels.

La loi prévoit toutefois la prise en charge partielle par l'employeur des frais engagés par les salariés empruntant les transports en commun : c'est la « participation aux frais de transport ».

L'entreprise prend en charge 50 % de l'abonnement transports en commun ou service public de location de vélos.

Remarque : cette obligation, à l'origine cantonnée à l'Île-de-France, a été étendue à toutes les régions.

L'employeur peut aller au-delà de son obligation et prendre en charge la totalité de l'abonnement.

De même, il peut verser une indemnité aux salariés qui utilisent leur vélo ou font du covoiturage pour aller travailler (forfait mobilités durables). Il peut également verser une prime de transport aux salariés utilisant leur véhicule personnel pour se rendre à leur travail.

Remarque : ce dernier type de prime est souvent mis en place lorsque le lieu de travail n'est pas desservi par les transports en commun ou que les horaires du salarié ne lui permettent pas de les emprunter.

Optimiser le temps de travail

Partie 6

Chapitre 1

Les horaires de travail

1. Qu'est-ce que l'horaire de travail ?

Par horaire de travail, on entend les heures d'arrivée et de départ de l'entreprise ainsi que les horaires des pauses pour chaque jour de travail. Il peut s'agir :

- d'un horaire collectif où les heures d'arrivée et de départ et les heures de pause sont identiques pour tous les salariés de l'entreprise ou pour une équipe ;
- d'horaires individualisés où chaque salarié choisit ses heures d'arrivée et de départ de l'entreprise mais à l'intérieur de plages horaires déterminées. Ces plages horaires comportent des plages fixes durant lesquelles les salariés doivent être présents et des plages mobiles à l'intérieur desquelles ils peuvent choisir leur heure d'arrivée et leur heure de départ. Le manager devra faire respecter les plages horaires fixes et le temps de travail à effectuer ;
- des horaires fixés par le contrat de travail.

2. Refus du salarié de respecter les horaires

Le salarié qui arrive fréquemment en retard ou qui part toujours trop tôt commet une faute. Le manager doit alors l'enjoindre à respecter les horaires de travail. S'il continue à ne pas les respecter, il peut initier, avec le responsable des ressources humaines, une procédure disciplinaire.

Des retards occasionnels ne sont pas suffisants pour motiver un licenciement.

Remarque : le refus du salarié d'utiliser la pointeuse ou le fait de pointer pour un autre salarié est fautif et peut être sanctionné.

3. Respecter les temps de pause obligatoires

Vous êtes tenu de faire respecter les temps de pause obligatoires applicables dans l'entreprise.

? Renseignez-vous auprès de votre service RH pour connaître ces temps de pause.

Pendant ces pauses, vous ne pouvez pas obliger les salariés à rester à votre disposition, prêts à répondre à vos directives. Vous pouvez en revanche, et si les circonstances le justifient, leur interdire de sortir de l'entreprise.

Remarque : la loi oblige à faire effectuer une pause d'au moins 20 minutes après toute période de travail de 6 heures (pause de 30 minutes après 4 h 30 de travail pour les jeunes de moins de 18 ans). La convention collective applicable ou l'entreprise peut fixer des temps de pause plus favorables. Le plus souvent, le temps du repas constitue le temps de pause.

Seules des interventions ponctuelles, nécessitées notamment par des raisons de sécurité, peuvent autoriser le manager à faire travailler son équipe pendant les temps de pause obligatoires. Il s'agit alors d'un temps de travail rémunéré.

Chapitre 2

Les heures supplémentaires

1. Qu'est-ce qu'une heure supplémentaire ?

Les heures supplémentaires sont les heures de travail accomplies au-delà de 35 heures par semaine (hors aménagement du temps de travail) sur demande du manager. Elles donnent droit à une majoration de salaire et/ou à un repos compensateur.

Le nombre de ces heures supplémentaires ne doit pas conduire le salarié à faire plus de :

- 10 heures de travail par jour (8 heures si le salarié est un travailleur de nuit ou s'il a moins de 18 ans, 12 heures s'il existe une dérogation conventionnelle ou administrative) ;
- 48 heures de travail par semaine ou 44 heures en moyenne sur une période de 12 semaines consécutives (46 heures si dérogation conventionnelle).

Remarque : il existe un quota annuel d'heures supplémentaires, appelé « contingent annuel » au-delà duquel toute heure de travail effectuée est plus encadrée et ouvre droit à un repos compensateur.
? Renseignez-vous auprès de votre service RH pour connaître ce contingent.

Impact des heures supplémentaires (en l'absence de dispositions conventionnelles)			
	Majoration de salaire	Contrepartie en repos (heures hors contingent)	
Effectif		≤ 20 salariés	> 20 salariés
35 à 43 heures	25 %	50 % (1 heure supplémentaire ouvre droit à 1/2 heure de repos)	100 % (1 heure supplémentaire ouvre droit à 1 heure de repos)
au-delà de 43 heures	50 %		

2. Décision du manager d'effectuer des heures supplémentaires

C'est au manager de décider l'exécution d'heures supplémentaires. Le salarié ne peut pas exiger d'en faire sans l'accord de sa hiérarchie.

Vous pouvez décider, sans avoir à obtenir l'accord du salarié, de réduire ou de mettre fin à l'exécution d'heures supplémentaires, sauf si le contrat de travail prévoit qu'un certain nombre d'heures supplémentaires doit être effectué. Le salarié ne peut pas s'opposer à la baisse de sa rémunération qui découle de la réduction ou de la suppression des heures supplémentaires.

3. Que faire si le salarié prend l'initiative de faire des heures supplémentaires ?

Lorsque le salarié fait plus de 35 heures de travail par semaine, de sa propre initiative, sans avoir demandé l'accord préalable de sa hiérarchie, deux cas de figure sont à distinguer :

- si vous ne vous y opposez pas, les juges pourront considérer que vous avez donné votre accord même si cet accord n'a pas été formalisé. Le salarié a alors droit au paiement majoré de ces heures supplémentaires ;
- si vous avez exprimé clairement votre refus que des heures supplémentaires soient effectuées sans votre accord préalable, le salarié ne peut pas alors demander paiement de celles effectuées à votre insu, sauf s'il démontre que sa charge de travail nécessitait ce surcroît de travail. S'il persiste à en faire, il faut prendre contact avec la DRH pour trouver une solution et mettre fin à cette situation (alléger sa charge de travail, l'aider à mieux s'organiser…).

4. Refus du salarié de travailler plus

Vous pouvez imposer au salarié d'effectuer des heures supplémentaires pour terminer un travail urgent dans l'intérêt de l'entreprise. S'il refuse de les accomplir, sans motif légitime, il commet une faute.

Toutefois, son refus peut parfois être justifié et donc ne pas être fautif. Ainsi, le refus est légitime si l'employeur ne rémunère pas les heures supplémentaires ou n'accorde pas la contrepartie obligatoire en repos, ou si la décision de faire des heures supplémentaires ne répond pas à un besoin urgent de l'entreprise.

Chapitre 3

Le forfait jours

1. Salariés concernés

La durée du travail du salarié en forfait jours est fixée en nombre de jours travaillés dans l'année, sans tenir compte du nombre d'heures de travail. Le forfait jours s'adresse aux cadres qui disposent d'une autonomie dans l'organisation de leur emploi du temps et dont la nature des fonctions ne les conduit pas à suivre l'horaire collectif. Il s'adresse également aux salariés dont la durée du travail ne peut être prédéterminée et qui disposent d'une réelle autonomie dans l'organisation de leur emploi du temps pour l'exercice des responsabilités qui leur sont confiées.

C'est l'accord collectif applicable dans l'entreprise (accord d'entreprise ou accord de branche) qui définit les catégories de salariés susceptibles d'être soumises au forfait jours.

? **Renseignez-vous auprès de votre service RH** sur les salariés qui peuvent être en forfait jours.

Remarque : si un salarié sous convention de forfait en jours perçoit une rémunération très inférieure à celle qu'il devrait toucher compte tenu de ses responsabilités, il peut saisir le juge pour se faire indemniser du préjudice subi, sachant que l'employeur aura par ailleurs tout intérêt à réajuster son salaire !

2. Encadrer la présence du salarié

Pour chaque salarié en forfait jours, le nombre de jours travaillés est fixé dans le contrat de travail. Ce qui permet de ne pas faire de distinction, au cours de la journée, entre le temps réellement travaillé et les temps de pause (déjeuner, déplacement pour une mission…)

Ces salariés bénéficient d'une autonomie dans l'organisation de leur temps de travail. Vous ne pouvez pas leur imposer :

- un emploi du temps précis avec une heure de début et une heure de fin de travail ;

- un planning des interventions auprès des clients ;
- un planning imposant leur présence de l'ouverture jusqu'à la fermeture de l'entreprise.

Toutefois, vous pouvez, dans un souci de bonne organisation du travail, imposer à un salarié en forfait jours d'être présent à certains moments de la journée pour, par exemple, programmer des réunions ou effectuer un travail en équipe.

3. Respecter les durées maximales du travail et les temps de repos minima

Vous devez veiller à ce que le salarié en forfait jours :

- prenne ses temps de repos quotidiens (11 heures sauf disposition conventionnelle plus favorable) et hebdomadaires (24 heures de repos hebdomadaire + 11 heures de repos quotidien) ;
- respecte les durées maximales de travail.

Des outils de contrôle (prévus par l'accord collectif) doivent permettre de vérifier que les durées maximales du travail et les temps de repos minima sont bien respectés.

S'il s'avère que les temps de repos ou que les durées maximales de travail ne sont pas respectés, la validité du forfait peut être remise en cause.

? Renseignez-vous auprès de votre service RH.

4. Une charge de travail raisonnable

Soyez vigilant concernant les éventuelles surcharges de travail. L'accord collectif applicable doit prévoir les modalités d'un suivi effectif et régulier de la charge de travail., qui ne doit pas reposer sur les seules informations données par le manager ; il doit également provenir des éléments signalés par le salarié lui-même.

Des mécanismes doivent être mis à la disposition des salariés pour leur permettre d'alerter la hiérarchie sur une éventuelle surcharge de travail.

? Renseignez-vous auprès de votre service RH pour connaître et savoir utiliser ces mécanismes de contrôle.

Remarque : à titre d'exemple, certains accords collectifs prévoient que la charge de travail est contrôlée par le biais d'un relevé mensuel établi par chaque salarié en forfait jours. Ce relevé doit permettre de contrôler la durée journalière et hebdomadaire du travail et de signaler les alertes mentionnées par le salarié au niveau de l'organisation du travail. Le manager est alors tenu, à la réception de ce relevé, d'examiner les éventuelles alertes afin d'apporter des réponses tant au plan de la charge de travail que de l'organisation du travail.

Par ailleurs, un entretien spécifique doit être effectué au moins une fois par an pour faire le point sur la charge de travail. En cas de surcharge, cet entretien doit aboutir à des solutions pour y remédier en prenant des dispositions adaptées (voir page 38).

Vous devez veiller à ce que les outils de contrôle de la charge de travail mis en place dans l'entreprise soient bien utilisés.

Chapitre 4

Le forfait annuel en heures

1. Salariés concernés

La durée du travail de ces salariés est fixée en nombre d'heures de travail à effectuer dans l'année. Le forfait en heures sur l'année s'adresse aux cadres dont la nature des fonctions ne les conduit pas à suivre l'horaire collectif et aux salariés qui disposent d'une réelle autonomie dans l'organisation de leur emploi du temps. Il faut se référer à l'accord collectif applicable dans l'entreprise pour connaître les catégories de salariés susceptibles de conclure des conventions de forfait en heures sur l'année.

Les heures de travail effectuées au-delà de 1 607 heures sont des heures supplémentaires et ouvrent droit à des majorations de salaire.

2. Encadrer la présence du salarié

Le salarié en forfait en heures sur l'année est autonome dans l'organisation de son temps de travail. Vous ne pouvez pas lui imposer d'avoir des horaires fixes ni l'obliger, par exemple, à être présent pendant la totalité du temps d'ouverture de l'entreprise.

Toutefois, le salarié n'est pas pour autant totalement libre de fixer ses horaires de travail. Vous pouvez lui imposer d'être présent à certaines heures pour le bon fonctionnement du service, ou lui demander de modifier son heure d'arrivée pour assurer, par exemple, l'encadrement d'une équipe de travail. Le refus du salarié de se conformer à certaines contraintes horaires justifiées par les nécessités du service peut constituer une faute grave.

3. Respecter les durées maximales du travail et les temps de repos minima

Veillez à ce que le salarié en forfait heures sur l'année prenne ses temps de repos quotidiens et hebdomadaires, même s'il est autonome dans la gestion de son temps de travail. Des outils de contrôle (prévus par l'accord collectif) doivent permettre de vérifier que les durées maximales du travail et les temps de repos minima sont bien respectés.

S'il s'avère que ce n'est pas le cas, il faut en référer au responsable des ressources humaines de l'entreprise.

Chapitre 5

Le temps partiel

1. Qu'est-ce que le temps partiel ?

Le salarié est à temps partiel lorsque sa durée de travail est inférieure à celle d'un salarié à temps plein travaillant dans la même entreprise ; ce temps plein correspond à 35 heures par semaine ou durée inférieure fixée par accord collectif.

Le salarié ne peut effectuer moins de 24 heures par semaine, sauf dérogation prévue par votre convention collective ou demandée par le salarié en raison de contraintes familiales ou pour lui permettre de cumuler plusieurs emplois ou de suivre des études.

Remarque : si le temps partiel est annualisé, le temps de travail du salarié doit être inférieur à la durée légale annuelle de travail, à savoir 1 607 heures (ou durée annuelle conventionnelle). La durée minimale de travail, sauf dérogations, est de 1 101 heures annuelles.

2. Marge de manœuvre sur les horaires de travail

La durée du travail et sa répartition au cours de la semaine sont fixées dans le contrat de travail. Vous ne pouvez pas exiger du salarié à temps partiel qu'il travaille les jours de la semaine qui ne sont pas indiqués dans son contrat. En revanche, sauf si les horaires de travail sont indiqués avec précision dans le contrat, c'est à vous de fixer les horaires de travail pour chaque journée travaillée. Soit les horaires fixés sont réguliers et immuables, soit ils sont fixés selon un planning qui varie de manière périodique. Dans tous les cas de figure, prévenez par écrit le salarié de ses horaires de travail suffisamment à l'avance et en respectant les contraintes suivantes :

- au cours d'une même journée, une seule coupure est possible et elle ne peut excéder 2 heures (sauf si la convention collective applicable dans l'entreprise déroge à cette règle) ;
- si le temps partiel est inférieur à 24 heures par semaine, les heures de travail doivent être regroupées sur des journées ou des demi-journées régulières ou complètes.

Remarque : si les horaires de travail ne sont pas précisés dans le contrat, vous pouvez les modifier ; ce changement d'horaires relève de votre pouvoir de direction, sauf abus de votre part. En revanche, si les horaires de travail figurent dans le contrat, vous ne pouvez pas les modifier sans l'accord du salarié.

3. Avoir recours à des heures complémentaires

Les heures complémentaires sont celles effectuées au-delà de la durée du travail prévue par le contrat du salarié à temps partiel. Elles ouvrent droit à une majoration de salaire d'au moins 10 % pour celles n'excédant pas 1/10 de la durée contractuelle (25 % pour celles excédant 1/10 de la durée contractuelle, hors dérogation conventionnelle).

Si les besoins du service l'exigent, vous pouvez, de manière ponctuelle, demander aux salariés à temps partiel de faire des heures complémentaires, à condition toutefois que :

- le contrat de travail ait prévu la possibilité d'en effectuer ;
- leur nombre ne dépasse pas ce qui est prévu dans le contrat et ne conduise pas le salarié à effectuer plus de 35 heures par semaine ;
- le salarié soit prévenu suffisamment à l'avance (au moins 3 jours) ;
- l'utilisation des heures complémentaires ne soit pas régulière. Si leur nombre excède 2 heures par semaine pendant une période d'au moins 12 semaines, la durée du travail prévue au contrat devra être réévaluée.

Remarque : il existe un autre dispositif pour augmenter le temps de travail d'un salarié à temps partiel : les « compléments d'heures ». Mais il faut que ce dispositif soit, au préalable, mis en place par un accord de branche étendu applicable dans l'entreprise.

? Renseignez-vous auprès de votre service RH.

---

4. Refus d'effectuer des heures complémentaires

Le refus du salarié d'accomplir des heures complémentaires dans les limites prévues par le contrat de travail constitue une faute, sauf si, par exemple, il est motivé par le fait que le délai de prévenance (de 3 jours ou du délai prévu par le contrat) n'a pas été respecté.

5. Souhait du salarié de travailler à temps plein

Le salarié à temps partiel qui le souhaite est prioritaire pour occuper tout emploi à temps plein disponible dans l'entreprise relevant de sa catégorie professionnelle. Les emplois disponibles sont portés à la connaissance des salariés par le service des ressources humaines.

Il en va de même pour les salariés qui travaillent moins de 24 heures par semaine et qui souhaitent effectuer 24 heures.

Chapitre 6

Travailler pendant un jour de repos

1. Travailler un jour RTT

Il faut se référer à l'accord collectif applicable dans l'entreprise pour connaître les modalités de prise des jours RTT. Le plus souvent, dans un souci de bonne organisation du travail, les jours RTT sont soit imposés par l'employeur soit fixés par accord entre le salarié et son manager.

Si le manager souhaite que le salarié reporte un jour RTT pour pouvoir terminer un travail, il doit le prévenir au moins 7 jours à l'avance (ou délai de prévenance moindre si l'accord collectif applicable le précise).

2. Travailler un jour férié (hors 1er mai)

À l'exception du 1er mai, les jours fériés ne sont pas obligatoirement « chômés ». Il faut se référer à la convention collective applicable pour vérifier quels sont les jours fériés « chômés ».

Toutefois, les jours fériés sont obligatoirement chômés pour les jeunes de moins de 18 ans sauf dans certains secteurs comme l'hôtellerie, les boulangeries...

? Renseignez-vous auprès de votre service RH.

Le refus du salarié de travailler un jour férié qui n'est pas chômé dans l'entreprise constitue une absence irrégulière justifiant une retenue sur salaire.

Remarque : la journée de solidarité est une journée supplémentaire de travail fixée au niveau de l'entreprise, par accord collectif ou par le chef d'entreprise. Elle est fixée sur un jour habituellement non travaillé : le plus souvent c'est sur un jour férié « chômé » autre que le 1er mai (lundi de Pentecôte par exemple). Si le salarié refuse de travailler la journée de solidarité, cette journée ne sera pas rémunérée et son absence constitue une faute.

3. Travailler le 1er mai

Le 1er mai est obligatoirement chômé. Vous ne pouvez donc pas imposer à un de vos collaborateurs de venir travailler ce jour-là. La seule exception concerne les entreprises qui, en raison de la nature de leur activité, ne peuvent interrompre leur travail (hôpitaux, transports publics...).

Faire travailler un salarié le 1er mai est sanctionné pénalement.

4. Travailler le dimanche

Vous ne pouvez faire travailler des salariés le dimanche que si une dérogation au repos ce jour-là est autorisée.

? Renseignez-vous auprès de votre service RH pour savoir si une dérogation au repos le dimanche existe.

À ce jour, il est possible de faire travailler des salariés le dimanche dans les entreprises suivantes :

- entreprise bénéficiant d'une dérogation du préfet au motif que sa fermeture le dimanche est préjudiciable au public ou compromet son bon fonctionnement ;
- commerces de biens et de services de détail (hors alimentaire) situés dans certaines zones établies soit par les ministres du travail, du tourisme, du commerce ou par le Préfet ou qui bénéficient d'une dérogation du maire ;
- établissements dont l'ouverture le dimanche est nécessaire en raison de l'activité ou des besoins du public (hôpitaux, hôtels, cafés, restaurants...) ;
- commerces de détail alimentaires (jusqu'à 13 heures, ou au-delà pour les commerces situés dans des zones touristiques internationales ou dans l'emprise de gares ayant une affluence exceptionnelle) ;
- entreprises industrielles fonctionnant en continu.

Remarque : seuls les salariés volontaires ayant donné leur accord par écrit à leur employeur peuvent travailler le dimanche. Le manager ne peut donc, de sa propre initiative, exiger d'un salarié de son équipe qu'il vienne travailler le dimanche, sans s'être assuré au préalable, qu'il s'est porté volontaire.

À l'occasion des Jeux olympiques et paralympiques 2024, les établissements de vente au détail mettant à disposition des biens ou des services pourront, à titre exceptionnel et temporaire, faire travailler leurs salariés le dimanche et leur accorder le repos par roulement. Cette dérogation, accordée par le Préfet, s'appliquera du 15 juin au 30 septembre 2024 dans les communes d'implantation des sites de compétition et dans les communes limitrophes ou situées à proximité de ces sites.

Traiter les demandes de congés

Partie 7

Chapitre 1

Organiser les départs en congés payés

1. Informer les salariés de la période de prise des congés

Les salariés bénéficient normalement de 30 jours ouvrables (ou 25 jours ouvrés) de congés par an sauf si votre entreprise en prévoit davantage.

? Renseignez-vous auprès de votre service RH.

Tout salarié y a droit, quels que soient son emploi, sa catégorie, sa qualification et son horaire de travail. Le salarié à temps partiel a les mêmes droits que le salarié à temps complet.

Le salarié doit prendre au moins 12 jours ouvrables (10 jours ouvrés) pendant la période allant du 1er mai au 31 octobre (sauf disposition différente de la convention collective).

La cinquième semaine peut être prise hors de cette période.

L'employeur doit informer les salariés de la période de prise des congés au moins 2 mois avant l'ouverture de celle-ci.

2. Fixer l'ordre des départs

Pendant la période des congés, l'employeur a le choix entre :

- mettre tous les salariés en congés en même temps ;
- leur accorder un congé par roulement.

S'il choisit de ne pas fermer l'entreprise ou le service (l'été notamment), il devra gérer le planning des départs en congés.

En pratique même si ce sont le plus souvent les salariés qui proposent les dates auxquelles ils souhaitent partir, c'est toujours l'employeur qui, au final, décide des dates et de la durée des congés. C'est lui qui fixe l'ordre des départs. Pour le déterminer, il doit tenir compte :

- de l'ancienneté du salarié dans l'entreprise ;
- de l'activité éventuelle du salarié chez d'autres employeurs ;

- de la situation familiale des salariés, notamment des possibilités de congé du conjoint ou du partenaire liée par un PACS.

Remarque : les salariés de retour de congé maternité ou d'adoption, d'un arrêt de travail lié à un accident du travail ou d'une maladie après la période de clôture de la période de prise des congés payés (généralement du 1er juin au 31 mai de l'année n + 1) conservent leurs droits à congés, qui sont reportés. Vous devez en tenir compte lorsque vous élaborez le calendrier des départs en congés.

---

3. Informer les salariés des dates de congés

Chaque salarié doit être informé de ses dates de vacances au moins un mois à l'avance.

Vous ne pouvez pas imposer au salarié de prendre des congés sans respecter ce délai.

Le délai de prévenance d'un mois concerne non seulement le congé principal de 4 semaines, mais aussi la 5e semaine ou les congés conventionnels.

Remarque : vous ne pouvez pas vous dispenser de respecter ce délai de prévenance en invoquant des circonstances exceptionnelles : en effet, cette cause exonératoire ne s'applique qu'en cas de modification des dates de congé et non en cas de fixation initiale des dates de congés. L'inexécution par l'employeur de ses obligations en matière de fixation du planning des congés peut constituer une circonstance atténuante, voire exonératoire, de la faute du salarié parti en congé sans autorisation.

---

4. Modifier les dates de congés fixées

L'employeur doit respecter les dates de congés qu'il a fixées ou acceptées. Cependant, une modification reste possible :

- entre le moment où les dates sont fixées et 1 mois avant le départ :
- dans un délai plus court en cas de circonstances exceptionnelles.

De manière générale, changer les dates de congés moins d'un mois avant le départ des salariés n'est pas considéré comme abusif si cela est motivé par des raisons professionnelles (bonne marche de l'entreprise, commandes imprévues...) et si le salarié est dédommagé des frais occasionnés par ce changement.

Remarque : en l'absence de circonstances exceptionnelles, l'employeur est fautif s'il modifie les dates de congé trop tardivement. Dans ce cas, il ne peut pas être reproché au salarié d'être quand même parti aux dates initialement prévues. Le salarié ne commet alors pas de faute.

---

5. Faire respecter les dates de congés par le salarié

Le salarié doit respecter les dates des congés payés régulièrement fixées par l'employeur. Un départ sans autorisation ou une reprise du travail peuvent justifier une sanction disciplinaire ou un licenciement.

En revanche, il n'y a pas de faute, lorsque le salarié ne reprend pas son travail à la date prévue en raison de circonstances indépendantes de sa volonté (grève ou accident survenus alors qu'il se trouvait à l'étranger).

6. Veiller à la prise des congés

L'employeur doit veiller à ce que le salarié prenne effectivement ses congés payés. Si nécessaire, il doit être en mesure de prouver qu'il a tout mis en œuvre pour qu'il prenne au moins quatre semaines de congés par an. À noter que sa responsabilité peut être engagée si le salarié travaille pendant ses congés, quand bien même les deux parties seraient-elles d'accord.

7. Reporter les congés non pris

En principe, le report de congés d'une année sur l'autre n'est pas admis.

Cependant, les salariés de retour de congé maternité ou d'adoption, d'un arrêt de travail lié à un accident du travail ou d'une maladie après la période de clôture de la période de prise des congés payés conservent leurs droits à congés qui sont reportés.

8. Pallier les absences

Vous pouvez avoir besoin de remplacer momentanément le ou les salariés parti(s) en congé. Pour cela, vous pouvez :

- recourir au CDD ou à l'intérim ;
- muter temporairement un salarié au poste d'un collègue parti en congés payés.

Chapitre 2

Gérer les absences ou congés pour raisons familiales

1. Les congés pour naissance ou adoption

La salariée enceinte bénéficie d'un congé de maternité. Pendant la période qui suit l'expiration de ce congé, la salariée, ou son conjoint, peut prendre un congé parental pour élever son enfant ou passer à temps partiel.

Nous avons récapitulé sous forme de tableaux les formalités à accomplir par la/le salarié(e) lors de sa demande et les possibilités de refus ou de report dont vous disposez.

Sur la durée de ces congés (voir page 4).

Congé de maternité		
Conditions d'ancienneté	Formalités à respecter par la salariée	Possibilité de refus ou de report
Aucune	• Remise d'un certificat médical attestant de l'état de grossesse et de la date présumée d'accouchement • Information de l'employeur par LR avec AR	Aucune

Congé d'adoption		
Conditions d'ancienneté	Formalités à respecter par la/le salarié(e)	Possibilité de refus ou de report
Aucune	• Information de l'employeur par tout moyen • La/le salarié(e) peut bénéficier également d'un congé non rémunéré d'une durée de 6 semaines pour se rendre à l'étranger en vue d'adopter un enfant	Aucune

Congé de paternité		
Conditions d'ancienneté	Formalités à respecter par le salarié	Possibilité de refus ou de report
Aucune	• Le salarié devra informer l'employeur de la date prévisionnelle d'accouchement au moins 1 mois à l'avance • Le congé étant fractionnable, le salarié devra également informer l'employeur de la date et de la durée des périodes de congé qu'il souhaite prendre au moins 1 mois avant la date de départ prévue. La LRAR est conseillée dans les deux cas • Le congé doit être pris dans un délai de 6 mois à compter de la naissance de l'enfant	• Aucune dès lors que le délai de prévenance est respecté • Congé cumulable avec les jours d'absence autorisés pour la naissance d'un enfant
	• En cas d'hospitalisation de l'enfant, le père, le conjoint de la mère ou la personne liée à elle par un pacte civil de solidarité (PACS) ou vivant maritalement avec elle peut bénéficier d'un congé supplémentaire, égal à la durée d'hospitalisation, dans la limite de 30 jours consécutifs	• L'employeur doit être informé de l'hospitalisation de l'enfant

Congé parental d'éducation		
Conditions d'ancienneté	Formalités à respecter par la/le salarié(e)	Possibilité de refus ou de report
1 an dans l'entreprise à la date de la naissance de l'enfant (ou de l'arrivée de l'enfant au foyer, en cas d'adoption)	Demande formulée par LR avec AR ou par lettre simple remise en main propre contre décharge : • au moins 1 mois avant le terme du congé de maternité ou d'adoption lorsque le congé suit immédiatement le congé de maternité ou le congé d'adoption • 2 mois avant le début du congé parental ou de l'activité à temps partiel, dans les autres cas	Aucune

2. Autorisations d'absence pour événements familiaux

Les salariés bénéficient d'autorisation d'absence pour faire face à certains impératifs familiaux. La durée de ces absences varie selon l'événement (voir page 4).

Absences pour événements familiaux		
Conditions d'ancienneté	Formalités à respecter par le salarié	Possibilité de refus ou de report de l'employeur
Aucune	Document attestant de la réalité de l'événement familial à produire : certificat de mariage, de décès	• Aucune • Le jour d'absence peut ne pas coïncider avec le jour de l'événement • Toutefois, il doit être pris au cours d'une période raisonnable entourant sa survenance

Congé pour enfant malade		
Conditions d'ancienneté	Formalités à respecter par le salarié	Possibilité de refus ou de report de l'employeur
Aucune	Certificat médical constatant la maladie ou l'accident	Aucune

Chapitre 3

Organiser le retour d'un congé maternité ou d'un congé parental

1. Anticiper le retour du/de la salarié(e)

Aucune formalité n'est imposée au (ou à la) salarié(e) qui souhaite reprendre son activité professionnelle à l'issue de son congé maternité ou de son congé parental d'éducation.

Il faut donc être vigilant sur la date de retour et l'anticiper. Vous devez en amont organiser l'accueil et les conditions de retour du (ou de la) salarié(e) à son poste. Cela passe, par exemple, par la disponibilité du bureau, du poste de travail précédemment occupé, la présentation à ses éventuels nouveaux collègues de travail...

Remarque : le (ou la) salarié(e) pourrait voir dans le fait qu'il ne lui soit donné aucun travail à son retour ou qu'il (ou elle) soit éloigné(e) de ses collègues de travail, une forme de harcèlement moral imputable à l'employeur.

2. Réagir à l'absence du/de la salarié(e)

Si à l'issue de son congé maternité ou de son congé parental, le (ou la) salarié(e) ne se présente pas à son poste de travail, il convient de lui demander de justifier de son absence et, le cas échéant, de reprendre le travail.

En l'absence de réponse, une procédure disciplinaire pouvant aller jusqu'au licenciement pourra être mise en œuvre pour absence injustifiée.

3. Réintégrer la/le salarié(e) dans son poste d'origine

À son retour de congé, le (ou la) salarié(e) doit retrouver son poste initial. Si celui qu'il/elle occupait précédemment est disponible, il/elle doit être réintégré(e) à ce poste. Il/elle ne peut être affecté(e) à un autre poste qu'avec son accord exprès.

Si vous n'êtes pas en mesure de le/la réintégrer dans son emploi précédent parce qu'il a été supprimé ou qu'il est préférable d'y maintenir le salarié qui l'a remplacé(e), vous devez lui proposer un emploi similaire, c'est-à-dire correspondant aux fonctions qu'il/elle exerçait effectivement avant son congé, assorti d'une rémunération équivalente.

Remarque : l'emploi similaire ne doit pas entraîner, par rapport au poste antérieur, des modifications majeures du contrat de travail, telles que la rémunération, la classification ou la qualification. Ainsi, une salariée qui, à son retour de congé de maternité, n'a plus les fonctions d'encadrement exercées auparavant peut légitimement vous le reprocher, voire prendre acte de la rupture de son contrat de travail. Cette prise d'acte équivaut à un licenciement injustifié.

Pendant les dix semaines qui suivent son retour de congé maternité, la salariée ne peut pas être licenciée sauf si l'employeur justifie d'une faute grave ou d'une impossibilité de maintenir le contrat pour un motif autre que la maternité.

4. Répondre aux demandes d'aménagement formulées par la/le salarié(e)

Si à l'issue de son congé de maternité ou de son congé parental, le/la salarié(e) doit être réintégré(e) dans l'emploi qu'il/elle occupait dans l'entreprise avant son congé, il/elle n'est pas en droit de conditionner son retour à un changement de ses conditions de travail. Cette décision relève du pouvoir de direction de l'employeur.

Toutefois, il convient de tenir compte d'une demande de modification formulée pour des raisons familiales sérieuses. Vous ne pouvez pas rejeter une telle demande sans raisons objectives.

5. Faire passer la visite médicale de reprise

À l'issue du congé de maternité, l'employeur doit impérativement organiser une visite médicale de reprise auprès du médecin du travail. Cette visite doit intervenir le jour de la reprise du travail et au plus tard dans les huit jours qui suivent. Cette visite permet au médecin d'apprécier l'aptitude de la salariée à reprendre son ancien emploi.

Remarque : en cas d'allaitement ou pour raison de santé, les salariées rentrant de congé maternité ne peuvent pas, pendant 1 mois, occuper des postes « à risques » incompatibles avec leur état. Vous devez leur proposer un poste compatible avec celui-ci. De même les salariées qui travaillent de nuit peuvent demander à être affectées à un poste de jour, pendant le mois du retour de congé de maternité. Attention, ces aménagements ne doivent causer aucune diminution de rémunération.
? Renseignez-vous auprès de votre service RH.

6. Organiser un entretien professionnel

Au retour du congé maternité ou du congé parental, l'employeur doit proposer un entretien professionnel au/à la salarié(e) afin d'étudier ses perspectives d'évolution professionnelle, notamment en terme de qualification et d'emploi.

Le/la salarié(e) peut aussi demander à en bénéficier avant son retour dans l'entreprise.

Remarque : dans le cadre du congé parental, l'entretien professionnel peut également avoir lieu à la demande du (ou de la) salarié(e) avant la fin du congé parental.

Au cours de cet entretien, l'employeur organise le retour à l'emploi du/de la salarié(e). Il détermine ses besoins en formation et examine les conséquences éventuelles du congé sur sa rémunération et son évolution de carrière (voir page 40).

Cet entretien donne lieu à la rédaction d'un document dont une copie est remise au/à la salarié(e). Il convient de préciser qu'il ne s'agit nullement d'un entretien d'évaluation.

7. Prévoir une remise à niveau

Afin de faciliter le retour du/de la salarié(e), il est conseillé de prévoir une action de remise à niveau afin qu'il/elle puisse prendre connaissance des diverses évolutions intervenues sur son poste de travail.

Remarque : l'employeur ne peut pas se prévaloir d'une insuffisance professionnelle du/de la salarié(e) s'il ne lui a pas donné, à son retour de congé parental, l'action de formation à laquelle il/elle a droit.

8. Garantir un ajustement du salaire

Il convient d'assurer au/à la salarié(e) de retour de congé de maternité ou d'adoption les augmentations générales et la moyenne des augmentations individuelles accordées à ses collègues durant son absence.

? Renseignez-vous auprès de votre service RH.

9. Garantir sa promotion professionnelle

Exclure un/une salarié(e) d'une promotion professionnelle parce qu'il/elle a été absent(e) de l'entreprise en raison de la maternité ou d'un congé parental est interdit. Il/elle ne peut être écarté(e) d'une promotion professionnelle sans raison objective.

10. Reporter les congés payés

Le/la salarié(e) revenant d'un congé de maternité ou d'adoption a droit à ses congés payés annuels quelle que soit la période de prise des congés retenue dans l'entreprise. Même si cette période est expirée à son retour, il/elle peut quand même prendre les congés payés qu'il/elle a acquis.

Vous ne pouvez pas vous y opposer.

Remarque : en revanche, le/la salarié(e) ayant pris un congé parental total perd les congés payés acquis avant ce congé s'il/elle revient après la clôture de la période de prise des congés payés.

Partie 8

Gérer les absences liées à l'état de santé

Chapitre 1

Faire face à l'absence pour maladie

1. Le salarié doit justifier son absence

C'est une obligation : le salarié doit avertir son employeur de son absence sous quelque forme que ce soit. Il doit envoyer l'arrêt de travail prescrit par un médecin. L'arrêt de travail indiquant la durée de l'absence, vous pouvez vous organiser pour le remplacer : répartir les tâches en interne, recruter en CDD, recourir à l'intérim.

Remarque : la répartition des tâches du salarié entre ses collègues peut vous amener à proposer des heures complémentaires aux salariés à temps partiel ou des heures supplémentaires à ceux à temps complet.

Il n'existe pas de délai légal pour prévenir son employeur de son absence. Toutefois, pour être pris en charge par l'assurance maladie, le salarié doit envoyer dans les 48 heures son arrêt de travail à sa caisse de maladie. Dans les faits, il l'envoie le plus souvent en même temps à son employeur.

Des délais peuvent être prévus par la convention collective ou le règlement intérieur.

? Renseignez-vous auprès de votre service RH.

Comme pour l'arrêt initial, le salarié doit informer son employeur de la prolongation de son arrêt de travail. Ne pas transmettre la prolongation peut, dans certains cas, être considéré comme une faute grave.

2. Le salarié ne justifie pas son absence

Le salarié qui ne justifie pas de son absence auprès de son employeur commet une faute.

Sans justification de sa maladie, il ne sera pas payé : les jours d'absence non justifiée seront retenus sur son salaire.

Avant d'envisager une sanction disciplinaire, prenez contact avec le salarié pour connaître les raisons de son absence. Si l'absence injustifiée perdure, enjoignez-lui, par lettre recommandée avec accusé de réception, de reprendre son travail sous peine de sanction.

S'il ne répond pas, une sanction pouvant aller jusqu'au licenciement est alors envisageable.

Remarque : à titre d'exemple, le salarié qui, en dépit de 2 lettres de l'employeur l'invitant à s'expliquer sur son absence, a attendu 19 jours pour lui adresser un avis d'arrêt de travail pour maladie peut être licencié pour faute grave.

Il existe aujourd'hui une autre alternative face à un abandon de poste. L'entreprise peut appliquer la procédure de présomption de démission. Cette procédure consiste à envoyer une mise en demeure au salarié lui demandant de justifier son absence ou de reprendre son travail. Si le salarié n'y répond pas, l'employeur pourra le présumer démissionnaire.

3. Le salarié doit subir une intervention chirurgicale

Vous devez être informé d'une telle absence, qui, sauf situation d'urgence, est programmée.

Vous pourrez ainsi organiser le remplacement du salarié.

4. Le salarié part en cure thermale

Si cette cure n'est pas thérapeutique, vous pouvez refuser l'autorisation d'absence : le salarié doit poser des congés payés et ce sont alors les règles encadrant les congés qui s'appliquent.

Si la cure envisagée est prescrite par le médecin, il est recommandé de trouver un accord avec le salarié.

Dans ce cas, le fait que l'employeur n'ait pas donné son accord ne justifiera pas un licenciement si le salarié part quand même en cure. En effet, la production de l'accord préalable de la Sécurité sociale et du bulletin de présence fourni par l'établissement thermal prouvera que l'absence était justifiée.

5. Le salarié est-il réellement malade ?

Si elle a un doute sur la réalité de la maladie du salarié absent, l'entreprise peut mandater un médecin de son choix pour organiser une contre-visite médicale à son domicile. La contre-visite se justifie dès lors que l'entreprise maintient le salaire de l'intéressé durant l'arrêt de travail. Elle a pour objectif de vérifier que l'état de santé du salarié justifie un arrêt de travail.

? Renseignez-vous auprès de votre service RH.

Le salarié perdra le bénéfice des indemnités versées par l'employeur en complément des indemnités journalières de Sécurité sociale si son absence lors de la contre-visite médicale est injustifiée.

Il devra reprendre son travail à la date préconisée par le médecin contrôleur, si celle-ci est différente de celle indiquée sur son arrêt de travail.

6. Le salarié ne doit pas travailler pendant son arrêt de travail

Vous pouvez demander au salarié de vous restituer des documents ou du matériel en sa possession pendant son arrêt maladie. Mais vous ne pouvez pas lui demander d'effectuer une tâche quelconque pour l'entreprise.

Si le salarié travaille pour la concurrence pendant son arrêt, il commet un acte déloyal et peut être licencié. Il faut toutefois que l'exercice d'une autre activité durant l'arrêt de travail cause un préjudice à l'employeur, ce qui ne sera pas forcément le cas si l'activité en question n'est pas concurrente ou est exercée à titre bénévole.

7. Si le salarié tombe malade

Pendant sa période d'essai

L'absence pour maladie suspend la période d'essai. Il est donc important de bien recalculer la date d'expiration de la période d'essai prolongée de la durée de l'arrêt maladie.

Vous pouvez mettre fin à la période d'essai pendant l'arrêt de travail si celle-ci n'est pas concluante et que votre décision n'est pas motivée par l'état de santé du salarié.

Avant de partir en congés payés

Le salarié est dans ce cas en arrêt maladie. Il conserve son droit à congé et peut demander à en bénéficier ultérieurement.

Pendant ses congés payés

Dans ce cas, le salarié peut demander le report des jours de congés dont il n'a pas bénéficié du fait de sa maladie (il devra dans ce cas fournir un certificat médical).

Remarque : si la convention collective ne le prévoit pas, vous pouvez refuser ce report. Cette solution est contraire au droit communautaire mais en l'absence de jurisprudence nationale, elle est largement pratiquée dans les entreprises.

? Renseignez-vous auprès de votre service RH.

Vous pouvez accepter ce report, mais en aucun cas le salarié ne peut imposer ses dates de congés.

Pendant son préavis

Le congé maladie n'interrompt pas le préavis.

8. Le salarié reprend son travail

Le salarié doit reprendre son travail à la date prévue par l'arrêt de travail. Si ce n'est pas le cas, vérifiez avant toute chose que cet arrêt n'a pas été prolongé.

Si la durée de l'arrêt de travail a été supérieure à 60 jours (arrêt consécutif à un accident ou une maladie non professionnel), l'employeur doit organiser une visite médicale de reprise du travail auprès de la médecine du travail. Cette visite de reprise doit aussi être organisée suite à un arrêt de travail pour maladie professionnelle (quelle qu'en soit la durée) ou un arrêt de travail pour accident du travail d'au moins 30 jours.

9. L'absence maladie du salarié perturbe le fonctionnement de l'entreprise

La maladie en elle-même ne peut jamais constituer un motif de sanction ou de licenciement. Seules les conséquences de l'absence pour maladie peuvent éventuellement justifier un licenciement.

Si l'absence du salarié malade nécessite, de manière objective, son remplacement définitif, il pourra faire l'objet d'un licenciement. Il faudra dans ce cas démontrer que son absence (ou ses absences répétées) entraîne des perturbations dans l'entreprise rendant son remplacement définitif nécessaire.

10. Le salarié est en longue maladie

C'est le cas lorsque l'arrêt de travail dure plus de 6 mois.

À son retour, vous devez le recevoir dans le cadre d'un entretien professionnel. Vous devez évoquer avec lui ses perspectives d'évolution professionnelle notamment en termes de qualification et d'emploi. Vous déterminerez avec lui ses besoins de formation.

Si l'absence perturbe le fonctionnement de votre service, un licenciement est envisageable. Vérifiez au préalable que l'entreprise ne soit pas couverte par une clause de garantie d'emploi.

Si elle existe, l'employeur ne peut pas se séparer du salarié durant une certaine période (sauf faute grave ou lourde, force majeure ou accord du salarié).

? Renseignez-vous auprès de votre service RH.

Chapitre 2

Faire face à l'inaptitude

1. Qui déclare un salarié inapte ?

C'est le médecin du travail qui déclare inapte le salarié à son poste de travail. Cette déclaration peut avoir lieu lors d'une visite :

- de pré-reprise (le salarié en arrêt de travail a demandé à voir le médecin du travail ou le salarié est en arrêt de travail depuis plus de 30 jours) ;

- de reprise (cette visite est obligatoire après une absence pour maladie non professionnelle de plus de 60 jours, une absence pour accident du travail de plus de 30 jours, une absence pour maladie professionnelle quelle qu'en soit la durée et après un congé de maternité) ;
- périodique.

Au retour de la visite médicale, le salarié doit vous remettre l'avis d'inaptitude délivré par le médecin du travail.

L'inaptitude est constatée à l'issue d'un examen médical, ou de deux examens si le médecin du travail l'estime nécessaire. Celui-ci a 15 jours à partir du premier examen pour rendre son avis d'inaptitude.

Remarque : un avis d'aptitude avec réserve n'est pas un avis d'inaptitude. Vous devez tenir compte des préconisations du médecin du travail pour adapter le poste du salarié. En cas de désaccord avec l'avis du médecin du travail, contactez votre DRH qui pourra contester la décision du médecin.

2. Le salarié déclaré inapte peut-il travailler ?

Non, dès l'instant où l'inaptitude au poste est confirmée.

Vous ne pouvez pas rompre le contrat de travail. Vous devez prendre contact avec le médecin du travail et votre service RH pour envisager le reclassement du salarié.

Vous devez mener des recherches suffisantes en vue d'un reclassement. Si après un délai d'un mois, le salarié n'a pas été reclassé sur un autre poste ni licencié, il doit à nouveau être rémunéré.

3. L'obligation de reclassement, qu'est-ce que c'est ?

Elle est impérative. Vous ne pouvez vous en exonérer, quelle que soit la nature de l'inaptitude (professionnelle ou non, temporaire ou permanente, totale ou partielle). Elle s'impose même si :

- le médecin du travail a déclaré le salarié inapte à tout poste dans l'entreprise ;
- le salarié vous informe qu'il est reconnu invalide par la Sécurité sociale ;
- le salarié ne souhaite pas reprendre son travail ;
- le salarié continue de percevoir sa rémunération ;
- l'inaptitude du salarié résulte d'un accident du travail survenu chez un précédent employeur.

Remarque : il n'y a que deux exceptions à l'obligation de rechercher un reclassement : lorsque l'avis du médecin du travail mentionne que « tout maintien du salarié dans un emploi serait gravement préjudiciable à sa santé » ou que « l'état de santé du salarié fait obstacle à tout reclassement dans un emploi ». Dans ces deux cas seulement, vous êtes délié de votre obligation de reclassement dans l'entreprise.

Vous êtes tenu de proposer un poste adapté aux capacités du salarié et aussi comparable que possible à son précédent emploi. Pour cela, il est préférable de rencontrer le médecin du travail et d'associer votre DRH à cette recherche de reclassement.

Le poste doit être disponible. Vous ne pouvez pas demander la mutation d'un autre salarié pour qu'il laisse son poste au salarié devant être reclassé.

S'il n'y a pas de poste correspondant dans l'entreprise, les recherches doivent être étendues au groupe au sein des filiales situées en France.

Remarque : que l'inaptitude résulte ou non d'un accident du travail ou d'une maladie professionnelle, vous devez consulter le conseil social et économique (CSE) sur les propositions de reclassement. En outre, en cas d'impossibilité de reclassement, vous devez informer par écrit le salarié de cette impossibilité.

L'employeur doit prouver qu'il a sérieusement cherché des possibilités de reclassement. Il est donc fortement recommandé de formaliser les offres de reclassement par écrit en fournissant au salarié le plus d'informations possibles sur le poste proposé (descriptif, coefficient, rémunération, durées et horaires de travail, formation d'adaptation proposée, aménagements particuliers, aide prévue en cas de poste impliquant une mobilité géographique...).

4. Le salarié peut-il refuser le poste de reclassement ?

Si le poste respecte les recommandations du médecin du travail et s'il n'y a pas de modifications fondamentales par rapport au précédent poste, vous pouvez imposer ce reclassement au salarié. S'il le refuse, vous pourrez mettre en place une procédure de licenciement.

Vous pouvez éventuellement lui proposer un poste moins bien rémunéré. Cela constitue une modification de son contrat de travail, qu'il pourra refuser sans être fautif. Il vous faudra alors rechercher une nouvelle proposition de reclassement.

5. Le reclassement est impossible

En cas d'impossibilité de reclassement ou en cas de refus, par le salarié, de tous les emplois respectant les préconisations du médecin du travail et ses compétences, vous pouvez mettre en œuvre une procédure de licenciement.

? Renseignez-vous auprès de votre service RH.

Partie 9

Veiller à la santé et à la sécurité des salariés

Chapitre 1

À quoi engage une délégation de pouvoirs ?

1. Être titulaire d'une délégation de pouvoirs en matière d'hygiène et sécurité

La délégation de pouvoirs permet à une personne (le délégant) de transférer une partie de ses attributions à une autre personne (délégataire).

Compte tenu des compétences techniques nécessaires, et de la surveillance qu'il faut opérer pour le respect des consignes de sécurité, la formation des salariés et le respect de normes évoluant sans cesse, l'hygiène et la sécurité au travail constituent l'un des domaines privilégiés de la délégation de pouvoirs.

Si vous êtes titulaire d'une délégation de pouvoirs, cela signifie que vous êtes responsable pénalement de la mise en œuvre des mesures de prévention des risques professionnels dans l'entreprise.

Remarque : concrètement, si un accident corporel résultant de l'inobservation des règles vous est imputable, vous pouvez faire l'objet de poursuites pour blessures par imprudence ou homicide.

2. Les conditions de validité de la délégation de pouvoirs

Le délégataire doit disposer des qualités et compétences techniques nécessaires.

Vous devez donc, le cas échéant, bénéficier de moyens suffisants et des formations complémentaires nécessaires à l'exercice de vos nouvelles attributions.

Vous devez bien évidemment avoir « l'autorité suffisante » pour exercer cette délégation, ce qui renvoie à l'idée de compétences mais aussi à l'idée de pouvoir réel. Si vous devez en référer en permanence à votre N + 1, par exemple, la délégation peut être remise en cause.

Vous devez être informé par votre employeur de l'étendue de la délégation (contours des obligations) et de ses effets réels (responsabilité).

Remarque : de manière étonnante, la délégation n'est pas nécessairement écrite ; il va sans dire qu'en cas d'absence d'écrit, les contours de la délégation peuvent s'avérer un peu flous et la preuve peut être difficile à rapporter pour celui qui délègue et qui, de ce fait, ne pourra dégager sa responsabilité en cas d'infraction.

La délégation doit être précise et limitée ; vous devez être informé des domaines de la délégation ; une délégation générale n'est pas valable.

Enfin, elle doit être permanente ou au moins s'exercer sur une certaine durée pour pouvoir être réellement mise en œuvre.

3. Vous pouvez déléguer à votre tour

Vous pouvez à votre tour souhaiter déléguer à une autre personne une partie des attributions qui vous ont été confiées et ce, avec les mêmes effets en terme de responsabilité pour la personne qui l'accepte.

C'est ce qu'on appelle la subdélégation.

Elle est possible et valide, si elle répond aux conditions fixées pour la délégation elle-même : notamment, la personne à laquelle vous déléguez doit avoir les compétences nécessaires et l'autorité suffisante pour faire respecter sa décision.

Chapitre 2

L'obligation de sécurité de l'employeur

1. En quoi consiste cette obligation ?

Chaque entreprise doit assurer la sécurité et protéger la santé physique et mentale de ses salariés, des salariés mis à sa disposition par une autre entreprise et des stagiaires qu'elle accueille.

Très concrètement, cette obligation se traduit par :

- l'obligation d'évaluer l'exposition aux risques et aux facteurs de pénibilité ;
- l'obligation de mettre en place des actions de prévention des risques et de la pénibilité ;

- l'organisation de séances de formation et de réunions d'information des salariés sur les risques encourus.

Les managers contribuent pleinement à ces actions.

Remarque : en matière de santé et de sécurité, on parle d'une obligation « de sécurité de résultat » : cela signifie que, s'il survient un accident de travail alors que l'employeur avait conscience du risque encouru (ou aurait dû en avoir conscience), sans qu'il ait fait le nécessaire pour le prévenir, il est fautif. Cette faute peut avoir pour conséquence de majorer le montant des cotisations accidents du travail de l'entreprise et d'augmenter le montant de l'indemnisation due au salarié victime.

---

2. Évaluer les risques encourus par les salariés

Les entreprises sont tenues d'évaluer périodiquement les risques encourus au sein de chaque unité de travail afin d'élaborer leur programme d'actions.

Un document appelé « document unique d'évaluation des risques » (DUER) répertorie les résultats de cette évaluation.

Dans les entreprises d'au moins 11 salariés, ce document est mis à jour chaque année. Il doit également, quelle que soit la taille de l'entreprise, être mis à jour à chaque fois qu'une décision peut avoir pour effet de modifier ces risques : lors du choix de nouveaux procédés de fabrication ou d'équipements de travail, si des substances ou préparations chimiques sont utilisées, ou plus couramment avant l'aménagement ou le réaménagement des lieux de travail ou des installations ou encore, lorsqu'il est nécessaire de définir les postes de travail.

3. Prévenir l'exposition aux facteurs de pénibilité

L'entreprise doit particulièrement veiller aux facteurs de pénibilité.

Elle doit déclarer, sous peine d'amende, chaque salarié soumis aux facteurs de pénibilité répertoriés par la réglementation.

? Renseignez-vous auprès de votre service RH.

Remarque : le niveau d'exposition aux facteurs de pénibilité est estimé au vu d'une réglementation très précise qui fixe, pour chaque facteur, l'intensité du risque et la durée d'exposition au-delà desquelles l'exposition génère des droits pour le salarié. Le dépassement des seuils de pénibilité fixés permet aux salariés de se constituer des droits particuliers (accès à des périodes de temps partiel, à des actions de formation, etc.) *via* leur compte professionnel de prévention (C2P).

---

4. Vous devez veiller au respect des consignes de sécurité

L'entreprise a l'obligation de définir les consignes de sécurité et de les faire respecter.

Le salarié doit dès lors respecter les consignes qui lui sont données sous peine de commettre une faute : la méconnaissance de ces obligations peut se solder par un licenciement pour faute grave.

5. Informer les salariés des risques encourus

Dès leur embauche, les salariés sont informés des risques encourus sur leur poste de travail et des mesures prises pour y remédier.

La formation est assurée pendant le temps de travail et porte notamment sur les mesures de prévention des risques identifiés dans le document unique d'évaluation des risques, les dispositions du règlement intérieur relatives à la sécurité, à la santé et aux conditions de travail, les consignes de sécurité incendie, les risques de certains produits ou procédés de fabrication...

6. Former à la sécurité

Des formations pratiques à la sécurité, dispensées à l'embauche et chaque fois que nécessaire, sont mises en place avec l'aide du médecin du travail.

Elles portent notamment sur les conditions d'exécution du travail, et la conduite à tenir en cas d'accident ou d'intoxication.

Des formations ont lieu également en cas de chaque changement de poste ou de technique.

Des actions renforcées sont nécessaires lorsque des CDD, ou des travailleurs temporaires, sont affectés à des postes dangereux. Les salariés mis à disposition doivent avoir une formation spécifique avant d'intervenir.

Chapitre 3

Que faire en cas d'accident du travail ou de trajet ?

1. Qu'est-ce qu'un accident du travail ?

L'accident du travail (AT) est celui qui survient au cours de l'activité professionnelle, durant le temps et sur le lieu de travail.

Des accidents survenus hors du temps du travail peuvent aussi être considérés comme des AT, si le salarié établit le lien entre le fait accidentel et la lésion subie.

Les salariés envoyés en mission relèvent de règles particulières en matière d'accident du travail.

2. Qu'est-ce qu'un accident de trajet ?

L'accident de trajet est celui qui survient pendant le trajet aller-retour :

- entre le lieu de travail et le lieu de résidence principale (ou une résidence secondaire stable, ou encore un lieu où le salarié se rend de façon habituelle pour des motifs d'ordre familial) ;
- entre le lieu de travail et le restaurant, la cantine ou tout autre lieu où le salarié prend habituellement ses repas.

L'itinéraire doit avoir été le plus direct possible, sauf si un détour a été rendu nécessaire (dans le cadre, par exemple d'un covoiturage régulier).

En pratique, le trajet ne doit pas avoir été interrompu ou détourné pour un motif d'ordre personnel non lié aux nécessités essentielles de la vie courante (aller acheter du pain par exemple), ou n'ayant aucun rapport avec le travail du salarié.

3. L'employeur doit les déclarer

Lorsqu'un salarié est victime d'un accident du travail ou de trajet, il doit en avertir rapidement son supérieur hiérarchique ou la DRH, en lui faisant parvenir le cas échéant, le certificat médical du médecin, si son état nécessite un arrêt de travail.

Si l'accident du travail ne nécessite pas d'arrêt, l'entreprise peut se contenter de le notifier au registre des accidents bénins.

Remarque : le salarié dispose de 24 heures pour avertir l'employeur en lui précisant le lieu, la date, l'heure ainsi que les circonstances de l'accident et l'identité du ou des témoins éventuels.

Une fois informé de l'accident, vous devez soit informer de l'accident votre DRH qui s'occupera de tout, soit, si cela relève de vos attributions :

- remettre immédiatement à votre salarié une feuille d'accident (Cerfa S 6201). Elle lui permet de bénéficier du remboursement à 100 % des frais médicaux liés à l'accident du travail (sur la base et dans la limite des tarifs de base de l'assurance maladie) sans avance de frais ;
- sous peine de sanctions, déclarer l'accident dans les 48 heures, soit :

– par lettre recommandée avec accusé de réception à la caisse d'assurance maladie du salarié (imprimé S 6200), en précisant les lieux, les circonstances et l'identité des témoins éventuels ;

– en ligne, sur www.net-entreprises.fr

Remarque : si la victime de l'AT est un travailleur temporaire, votre entreprise doit informer l'entreprise de travail temporaire qui doit alors déclarer l'accident à la caisse.

Lorsque l'accident du travail est mortel, l'employeur doit aussi le déclarer à l'inspection du travail du lieu de survenance de l'accident et ce, dans les 12 heures suivant le décès du travailleur. S'il en a été informé plus tard, il doit le déclarer dans un délai de 12 heures à compter du moment où il a eu connaissance du décès.

Le non-respect de cette obligation est passible de sanctions pénales (1 500 euros d'amende).

4. Vous avez un doute

Ces formalités de déclaration doivent être accomplies, même en cas de doute sur le caractère professionnel de l'accident.

Cela peut être le cas si, par exemple, cet accident ne vous semble pas en lien avec l'activité exercée ou si vous soupçonnez le salarié d'en avoir été victime hors temps de travail ou hors trajet habituel, notamment s'il vous en a informé tardivement…

Dans ce cas, il est recommandé à l'employeur d'émettre dans sa déclaration des réserves motivées qui peuvent conduire la caisse d'assurance maladie à enquêter sur les conditions dans lesquelles l'accident est survenu.

? Renseignez-vous auprès de votre service RH.

Chapitre 4

Que faire lorsqu'un salarié exerce son droit de retrait ou son devoir d'alerte ?

1. Qu'est-ce que le droit de retrait ?

Le salarié a le devoir d'alerter immédiatement l'employeur de toute situation de travail dangereuse, lorsqu'il encourt un risque grave et imminent pour sa vie ou sa santé ou qu'il a connaissance de défectuosités dans les systèmes de protection.

Aucun formalisme n'est prévu, il n'est pas nécessaire que ce signalement soit fait par écrit.

Après avoir alerté l'employeur du danger, et seulement si cette alerte a été donnée au préalable, le salarié peut cesser son travail sans demander l'accord de sa hiérarchie.

Remarque : cette règle vaut même si le règlement intérieur de l'entreprise exige un accord préalable.

Il s'agit d'un droit individuel mais plusieurs salariés peuvent l'exercer simultanément.

2. Que devez-vous faire lorsqu'un salarié exerce son droit de retrait ?

Alerté d'une situation de danger grave et imminent avéré ayant conduit un salarié à exercer son droit de retrait, vous devez faire procéder à une inspection des lieux de travail.

Après la réalisation de cette inspection, vous pourrez prendre les mesures et donner les instructions nécessaires :

- soit le droit de retrait n'était pas justifié par la réalité du danger et des retenues de salaire peuvent être opérées pour les absences injustifiées et le salarié fautif peut être sanctionné voire licencié pour raisons disciplinaires ;
- soit le retrait était justifié par le risque encouru et vous ne pouvez imposer un retour au poste de travail que si la cause du danger a disparu.

3. Le devoir d'alerte en matière de santé publique et d'environnement

Lorsqu'un salarié (ou un membre du CSE) estime de bonne foi que des produits ou des processus de fabrication utilisés dans l'établissement font peser un danger grave pour la santé publique ou l'environnement, il doit alerter son employeur qui devra consigner cette alerte sur le registre spécial des alertes en matière de santé publique et d'environnement. Le signalement, daté et signé, indique l'origine de ce danger et ses conséquences potentielles pour les postes de travail ainsi que le nom des salariés concernés.

L'employeur doit informer le salarié ayant effectué le signalement et les membres du CSE de la suite qu'il compte donner à cette alerte. Le CSE peut lui-même être à l'origine de cette alerte.

Remarque : contrairement à celle donnée en cas de danger grave et imminent, l'alerte donnée en matière sanitaire et environnementale ne permet pas au salarié d'exercer son droit de retrait.

Partie 10

Réagir à une situation de harcèlement

Chapitre 1

Quand commence le harcèlement

1. Repérez les premiers signes de harcèlement

Faire la différence entre un salarié stressé, harcelé ou simplement en conflit avec un collègue ou son supérieur hiérarchique n'est pas toujours simple. Pourtant, il faut être attentif aux premiers signes de mal-être afin de stopper net tout fait de harcèlement, qu'il vous soit directement imputable ou qu'il soit le fait d'un membre de votre équipe.

Le harcèlement peut être moral ou sexuel.

2. Détectez le harcèlement moral

Faire subir au salarié des humiliations, le mettre à l'écart, faire preuve d'agressivité à son égard, lui retirer un certain nombre de prérogatives ou de responsabilités, le sanctionner de manière injustifiée, mettre en cause brutalement son travail : tous ces comportements sont susceptibles de traduire l'existence de faits de harcèlement moral.

En effet, le harcèlement moral se caractérise par des agissements répétés qui entraînent une dégradation des conditions du travail du salarié susceptible de porter atteinte à ses droits et à sa dignité, d'altérer sa santé physique ou mentale ou de compromettre son avenir professionnel.

Si les agissements doivent être répétés (un acte isolé ne suffit pas, sauf s'il y a discrimination), le harcèlement peut très bien se dérouler sur une très courte période (quelques jours). Inversement, des faits espacés sur une longue période sont aussi susceptibles de constituer des actes de harcèlement moral.

5 Exemples de comportements ayant été sanctionnés par les juges
Sanctionner à répétition un salarié n'ayant jusque-là fait l'objet d'aucun reproche
Critiquer de manière répétée, en des termes humiliants et en public l'activité du salarié ou le mettre à l'écart
Faire subir des pressions au salarié pour qu'il accepte la rupture de son contrat

5 Exemples de comportements ayant été sanctionnés par les juges
Dégrader les conditions de travail d'un salarié devenu représentant du personnel, exiger de lui un travail qu'il ne peut pas accomplir dans les délais impartis, lui refuser toute progression salariale, et l'évaluer négativement alors que, jusqu'alors, son évaluation professionnelle était élogieuse
Déstabiliser un salarié en réunion, le menaçant de produire des documents attestant de la mauvaise qualité de son travail Installer un climat de peur et de craintes créant un malaise au sein des collaborateurs et suscitant le départ de salariés

3. Repérez le harcèlement sexuel

Le harcèlement sexuel se caractérise par des propos ou des comportements à connotation sexuelle répétés qui soit portent atteinte à la dignité du salarié en raison de leur caractère dégradant ou humiliant, soit créent à son encontre une situation intimidante, hostile ou offensante. Est également assimilée à des faits de harcèlement sexuel toute forme de pression grave, même non répétée, exercée dans le but réel ou apparent d'obtenir un acte de nature sexuelle, que celui-ci soit recherché au profit de l'auteur des faits ou au profit d'un tiers.

Attention ! Des faits de harcèlement sexuel peuvent être constitués même en dehors des heures de travail et du lieu du travail : par exemple organiser une rencontre dans une chambre d'hôtel avec un(e) subordonné(e), tenir des propos à caractère sexuel lors de discussions sur messagerie instantanée ou lors de soirées organisées après le travail…

5 Exemples de comportements ayant été sanctionnés par les juges
Exercer des pressions sur une collègue de travail en vue de relations sexuelles tout en la menaçant et/ou avoir des propos déplacés à connotation sexuelle
Envoyer à un collègue des photos érotiques ou indécentes
Développer à l'égard d'une salariée des tentatives de séduction appuyées : lettres, courriels, propositions, déclarations, invitations, envoi de fleurs (toujours refusées par la salariée)
Abuser de son pouvoir hiérarchique dans le but d'obtenir des faveurs sexuelles, même si ces agissements ont lieu en dehors du temps et du lieu de travail.
Faire des compliments à une salariée sur sa poitrine et ses jambes, lui poser des questions intimes et se livrer à des attouchements

Sachez par ailleurs que vous devez bannir, indépendamment du harcèlement, tout comportement ou parole sexistes pouvant porter atteinte à la dignité du salarié ou créer un environnement intimidant, hostile, dégradant, humiliant ou offensant.

Il peut aussi y avoir harcèlement sexuel lorsque ces propos ou comportements à connotation sexuelle sont imposés à une même victime par plusieurs personnes, de manière concertée ou à l'instigation de l'une d'elles, même si aucune de ces personnes n'a agi de façon répétée.

4. Déterminez les auteurs des faits de harcèlement

Le harcèlement peut se produire indépendamment de tout lien hiérarchique. Ainsi, il peut aussi être constaté entre deux collègues.

La victime du harcèlement sera le plus souvent le subordonné, mais le manager peut aussi être harcelé par un membre de son équipe.

Remarque : le harcèlement moral et le harcèlement sexuel sont condamnables civilement mais aussi pénalement. S'il y a eu un contact physique avec la victime, les faits pourraient être considérés comme une agression sexuelle, qui est pénalement réprimée plus sévèrement que le harcèlement.

Chapitre 2

Prévenir le harcèlement

1. Tentez d'éviter la survenance de faits de harcèlement

Dès lors qu'un salarié se plaint de harcèlement moral ou sexuel, la responsabilité de l'employeur peut être engagée en vertu de son obligation de sécurité de résultat. Tout doit donc être mis en œuvre pour que de tels faits ne se produisent pas. En tant que manager, vous avez un rôle central dans ce travail de prévention.

2. Soyez attentif aux premiers signes

Avant même qu'un membre de votre équipe ne vous fasse part du comportement « déviant » d'un collègue, voire mette en cause votre management, soyez attentif. Des tensions peuvent advenir au sein de votre équipe. Ne les laissez pas s'installer. Elles peuvent être les premiers signes d'un harcèlement moral.

Surveillez aussi les comportements « déplacés » entre collègues : des blagues grivoises, des tentatives de séduction trop appuyées... Ils peuvent constituer des faits de harcèlement sexuel.

Convoquez rapidement les salariés concernés pour entamer un dialogue avec eux et entre eux.

Bref, agissez dès les premiers signes de tension.

3. Sensibilisez vos collaborateurs

Si l'entreprise a des obligations d'information très précises en matière de harcèlement moral et sexuel, vous devez en tant que manager relayer le message.

Rien ne vous empêche d'organiser une réunion d'information et de sensibilisation au harcèlement moral et sexuel, voire des sessions de formation.

Remarque : l'entreprise doit informer les salariés des risques du harcèlement moral et sexuel. Elle doit le faire « par tous moyens », ce qui peut se faire par la voie d'un affichage dans les lieux de travail, les locaux ou à la porte des locaux où se fait l'embauche. L'information doit porter sur les sanctions en cas de harcèlement moral et sexuel. Cette information doit également être intégrée dans le règlement intérieur.

N'hésitez pas à impliquer les services de prévention et de santé au travail et/ou le médecin du travail. Il relève de leurs missions de vous conseiller sur les dispositions et les mesures nécessaires afin de prévenir le harcèlement sexuel ou moral.

Le CSE peut également proposer des actions de prévention.

Remarque : n'oubliez pas de sensibiliser aussi les personnes en stage ou en formation dans votre équipe. Elles doivent aussi être protégées contre les faits de harcèlement.

---

4. Votre management est autoritaire

Faites attention à votre mode de management.

Dans certains cas, un management autoritaire peut être assimilé à du harcèlement moral, ce qui peut être le cas lorsque le manager exerce une pression continuelle, alterne ordres et contre-ordres, insulte ou dénigre ses collaborateurs, se montre agressif...

5. Face à une accusation de harcèlement, réagissez

Lorsqu'un membre de votre équipe vous accuse de harcèlement, ou accuse un de ses collègues, commencez par essayer de comprendre ses récriminations. Recevez-le en entretien et demandez-lui d'étayer son ressenti.

Si vous n'arrivez pas à dénouer le conflit, ne tardez pas à saisir votre N + 1 et/ou le service RH.

Chapitre 3

Les premiers réflexes face à un salarié qui se plaint de harcèlement

1. Programmez très rapidement un entretien

Un salarié qui se plaint de comportements de collègues ou de sa hiérarchie – même sans parler expressément de harcèlement - exprime un malaise. Ne prenez pas sa plainte à la légère. Écoutez-le, évaluez ses récriminations et agissez rapidement.

Organisez un entretien afin de recueillir des faits étayés et circonstanciés. Il s'agit de comprendre avec précision ce qu'il reproche à son collègue ou son supérieur hiérarchique, de recueillir des éléments de contexte précis et datés (e-mails, écrits ou paroles échangés).

Convoquez ensuite le salarié accusé d'être l'auteur du harcèlement. Puis, le cas échéant, organisez une confrontation.

Remarque : même si le salarié n'apporte pas des certificats médicaux ou des attestations établissant ces faits, prenez ses plaintes au sérieux.

2. Ouvrez une enquête

Si les faits sont plausibles, lancez une enquête sans tarder. Elle doit être étendue à l'ensemble des collaborateurs de l'équipe. Impliquez aussi la direction des ressources humaines, le CSE et le médecin du travail.

Remarque : ces étapes sont essentielles. Sanctionner trop rapidement un salarié pourrait être considéré comme une faute, surtout si les faits ne sont pas avérés.

3. Si la situation le permet, tentez une conciliation

Si l'enquête vous permet de mettre à jour une situation de harcèlement, vous pouvez envisager avec la DRH de faire appel à un médiateur pour dénouer la situation si toutes les parties sont d'accord. Cela peut être utile lorsque la situation de harcèlement est apparue récemment. Toutefois, si cela n'aboutit pas, ne laissez pas traîner et prenez rapidement les mesures qui s'imposent pour sanctionner le salarié coupable de faits de harcèlement.

Attention ! L'alerte peut ne pas venir du salarié lui-même mais des représentants du personnel. Lorsqu'ils demandent l'organisation d'une réunion extraordinaire sur un cas de harcèlement moral présumé, vous devez en tenir compte. Votre refus peut venir s'ajouter aux autres indices de harcèlement moral.

Remarque : le salarié qui se plaint de harcèlement ou qui témoigne de faits de harcèlement ne peut pas être sanctionné, sauf à démontrer sa mauvaise foi ou son intention de nuire à l'entreprise ou à la personne incriminée. Dans ce cas, il peut s'agir d'une faute grave.

Chapitre 4

Le harcèlement est avéré : les décisions à prendre

1. Agissez vite

Une fois le comportement fautif établi – ce qui suppose que vous ayez mené le travail d'enquête préalable – vous devez agir vite pour ne pas laisser le salarié victime de harcèlement dans une situation de souffrance. Il est de la responsabilité de l'employeur de mettre fin à cette situation.

2. Sanctionnez le salarié responsable des faits de harcèlement

La sanction dépend de la gravité des faits reprochés au salarié. Vous pouvez décider de le mettre à pied, de le rétrograder ou de le muter dans un autre établissement. Mais dans certains cas, le licenciement s'impose. Et parfois même, ce licenciement devra être prononcé pour faute grave, notamment dans la majeure partie des cas de harcèlement sexuel.

Une chose est sûre : vous ne pouvez pas continuer à laisser les deux salariés travailler ensemble.

Attention ! Tenez compte du contexte dans lequel se sont produits ces faits de harcèlement. Le salarié auteur du harcèlement en a-t-il lui-même été victime ? Vous a-t-il alerté sur cette situation ? Est-il lui-même soumis à un management « tendu », ce qui aurait pu le pousser à exercer une pression accrue sur ses propres collègues ou collaborateurs ? Dans de tels cas, sa faute pourrait être atténuée. En revanche, l'ancienneté du salarié n'a pas à être prise en compte. Cela n'est pas une circonstance atténuante, surtout dans des faits de harcèlement graves.

Remarque : n'oubliez pas que, passé un délai de 2 mois après la constatation des faits, vous ne pourrez plus sanctionner le salarié.

---

3. Remobilisez votre équipe

Sanctionner le responsable du harcèlement est une chose, mais cela ne suffit pas. Une fois la sanction prononcée, il faudra vous préoccuper du ou des salarié(s) ayant été victimes de ce comportement, mais aussi de l'ensemble de vos collaborateurs. En effet, une telle situation peut laisser des traces au sein d'une équipe, surtout si le management de l'équipe était lui-même pointé du doigt. Les règles doivent être revues et précisées.

Il faut également profiter de cette situation pour opérer une « piqûre de rappel » auprès de l'ensemble de vos collaborateurs sur la prévention du harcèlement moral et sexuel. Organisez une réunion. Ce sera l'occasion de revenir sur ce qui s'est passé et de rappeler aux salariés les comportements susceptibles d'être assimilés à du harcèlement.

Contrôler et sanctionner les salariés

Partie 11

Chapitre 1

Prononcer une sanction

1. Une sanction implique une faute

Vous ne pouvez sanctionner un salarié que s'il commet une faute. C'est le cas s'il ne respecte pas les règles de discipline fixées par le règlement intérieur, s'il refuse d'exécuter un ordre, s'il commet volontairement des erreurs ou négligences dans son travail, s'il profère des injures ou des menaces, s'il commet des violences ou harcèle l'un de ses collègues (sexuellement ou moralement), etc.

Remarque : attention ! Les erreurs ou négligences involontaires, dues à une insuffisance professionnelle, ne sont pas considérées comme une faute.

2. Les sanctions possibles

Toute sanction disciplinaire doit être justifiée et proportionnée à la faute commise.

Dans les entreprises de 50 salariés et plus, l'employeur ne peut prononcer d'autres sanctions que celles prévues par le règlement intérieur (à l'exception du licenciement). En deça de 50 salariés, la sanction prononcée doit respecter les principes de proportionnalité et de non-discrimination. Les sanctions pécuniaires sont interdites.

Le comportement fautif du salarié peut entraîner l'une des sanctions suivantes :

- avertissement ;
- blâme ;
- mise à pied ;
- mutation ;
- rétrogradation ;
- licenciement.

Une simple observation verbale n'est pas considérée comme une sanction disciplinaire.

3. Les sanctions interdites

Même en cas de comportement fautif du salarié, vous n'êtes pas autorisé à prononcer les sanctions suivantes :

- sanctions discriminatoires (en raison de l'origine, du sexe, des mœurs, de l'orientation sexuelle, de l'âge, de la situation de famille...) ;
- sanctions prises à l'encontre d'un(e) salarié(e) victime ou témoin de harcèlement sexuel ou moral ;
- sanctions faisant suite à l'exercice par le salarié de son droit de retrait pour danger grave et imminent ;
- sanctions faisant suite au refus du salarié, en raison de son orientation sexuelle, d'être muté dans un État incriminant l'homosexualité ;
- sanctions liées à l'exercice normal du droit de grève.

4. Des délais et une procédure à respecter

Dès que vous avez connaissance du fait fautif, vous disposez de 2 mois maximum pour engager la procédure disciplinaire.

Vous ne pouvez pas sanctionner deux fois un même fait fautif, sauf si ce fait se répète dans le temps.

La procédure à suivre est la suivante : Il faut convoquer le salarié à un entretien préalable, sauf dans le cas d'un avertissement, pour lequel un entretien n'est pas exigé. Lors de l'entretien, l'employeur indique les motifs de la sanction envisagée et recueille les explications du salarié, qui peut se faire assister par un représentant du personnel ou, à défaut, par un collègue ou par un conseiller du salarié extérieur à l'entreprise et inscrit sur une liste consultable en mairie ou à l'inspection du travail.

La sanction doit intervenir :

- au plus tôt 2 jours ouvrables après l'entretien,
- et au plus tard 1 mois après l'entretien.

? Renseignez-vous auprès de votre service RH.

Chapitre 2

Faire face à un problème d'addiction

1. La consommation de produits stupéfiants ou d'alcool peut-elle être interdite dans l'entreprise ?

Pour les stupéfiants, cela ne fait aucun doute, puisque le fait de posséder ou de consommer de la drogue est interdit et réprimé pénalement.

Pour l'alcool, aucune boisson alcoolisée autre que le vin, la bière, le cidre et le poiré n'est autorisée sur le lieu de travail.

Remarque : néanmoins, la consommation de tout alcool peut être limitée ou interdite lorsqu'elle est susceptible de représenter un danger particulier pour le salarié. Elle ne peut donc concerner que certaines fonctions (manipulation de machines ou de produits dangereux, conduite de véhicule...), mais pas l'ensemble du personnel.

2. Que faire si un salarié arrive sous l'emprise d'une substance addictive au travail ?

Ne le laissez pas se rendre à son poste de travail. Il faut l'inviter à rentrer chez lui.

S'il est venu avec son véhicule personnel, vous ne devez pas le laisser repartir par ses propres moyens. Vous devez le raccompagner ou le faire raccompagner. En effet, si le salarié est victime d'un accident sur le trajet du retour à son domicile, vous pourrez en être tenu pour responsable.

3. Est-il possible de recourir à l'éthylotest ou au test salivaire ?

Oui, mais ce recours ne peut pas être systématique.

Il n'est possible que si :

- le règlement intérieur, correctement affiché et diffusé dans l'entreprise, le prévoit ;
- les fonctions du salarié le justifient ;
- le salarié a la possibilité de contester le test par un autre test ou une contre-expertise.

Vous pouvez vous-même effectuer l'éthylotest ou le test salivaire. Mais il est préférable qu'un tiers soit présent lors de ce contrôle.

Remarque : vous devez avoir été formé à pratiquer le test salivaire. En effet, l'utilisation de ce test et l'interprétation des résultats ne sont pas aussi simples que pour le test d'alcoolémie.

---

4. Comment encadrer les pots d'entreprise ?

Si vous proposez de l'alcool lors d'un pot, privilégiez le service, plutôt que le libre-service, et associez une collation. Mettez éventuellement des éthylotests à disposition des salariés et envisagez également à l'avance les conditions de leur retour à domicile et les modalités pour les raccompagner chez eux en cas de doute sur leur état. Car n'oubliez pas que vous pourriez être poursuivi pour non-assistance à personne en danger si vous n'avez pas tenté d'empêcher un salarié de conduire en état d'ébriété.

5. Pouvez-vous fouiller le vestiaire d'un salarié pour savoir s'il a introduit de l'alcool ou des stupéfiants au travail ?

Oui si le règlement intérieur le prévoit. La fouille doit avoir lieu en présence de l'intéressé ; s'il est absent, il doit être prévenu.

6. Comment aider un salarié souffrant d'un problème chronique d'addiction ?

Il est très délicat d'intervenir car ce problème relève de la vie privée du salarié. Néanmoins, si plusieurs indices vous font soupçonner que l'un de vos collaborateurs y est confronté, il peut être opportun de le recevoir afin de lui proposer une consultation avec le médecin du travail qui est tenu au secret professionnel. Celui-ci pourra orienter le salarié vers des centres spécialisés.

7. Peut-on sanctionner un salarié ivre ou sous l'emprise de stupéfiants ?

Oui. La sanction peut même aller jusqu'au licenciement si l'état du salarié a eu des conséquences sur l'accomplissement de son travail. Si la situation n'est pas nouvelle et que le salarié a reçu des avertissements antérieurs pour le même motif, s'il se montre violent physiquement ou verbalement ou s'il met en danger la vie d'autrui, le motif pourra même être la faute grave.

La consommation de drogue sur le lieu de travail suffit quant à elle à justifier un licenciement.

8. Qu'en est-il du tabac et de la cigarette électronique ?

Il est interdit de fumer dans les locaux de l'entreprise, y compris dans les bureaux individuels, à l'exception des emplacements éventuellement mis à disposition des fumeurs. En l'absence d'emplacements spécifiques, les salariés fument à l'extérieur des locaux.

De même, il est interdit de vapoter dans les locaux de travail et les bureaux collectifs. Mais c'est possible dans les bureaux individuels, sauf si le règlement intérieur de l'entreprise l'interdit.

Chapitre 3

Sanctionner les absences injustifiées

1. Les différents cas d'absences injustifiées

Plusieurs situations peuvent être qualifiées d'absences injustifiées :

- lorsque la demande d'absence a été refusée au salarié par son employeur, par exemple lorsqu'il prend un congé qui ne lui avait pas été accordé ;
- lorsque le salarié ne reprend pas son travail à la suite de congés ou d'une absence pour maladie ;
- lorsque le salarié s'absente sans demande préalable et sans élément laissant présager cette absence ;
- lorsque le salarié quitte soudainement son poste de travail ou cesse d'exercer ses fonctions, il s'agit alors d'un abandon de poste.

2. Informez-vous sur les raisons de l'absence

En premier lieu, vous devez vérifier qu'aucune autorisation d'absence n'avait été accordée au salarié. Même s'il ne vous en a pas personnellement informé, il peut par exemple avoir prévenu le service RH de la prolongation de son arrêt de travail.

En second lieu, vous pouvez interroger ses collègues. Ont-ils vu le salarié ? A-t-il eu un problème particulier ? Des soucis familiaux ? En fonction des informations recueillies, l'employeur peut éventuellement téléphoner au domicile du salarié pour se renseigner, ou, si le salarié vit seul, contacter les services de police ou de gendarmerie et les hôpitaux.

Remarque : soyez prudent. Si l'absence est susceptible d'être liée à un problème relationnel ou une altercation avec des collègues ou la hiérarchie, il vaut mieux s'abstenir de téléphoner au salarié. Ce contact téléphonique pourrait être interprété comme du harcèlement et se retourner contre vous.

Par ailleurs, s'il s'agit de problèmes familiaux, vous devez respecter la vie privée du salarié.

Avant de considérer l'absence comme injustifiée, vous devez attendre au moins 48 heures. En effet, si le salarié est malade c'est en général le délai dont il dispose pour faire parvenir son arrêt de travail.

3. Mettre le salarié en demeure de reprendre son poste

Si le salarié est toujours absent sans justification à l'issue de ces 48 heures, vous pouvez demander au service RH de lui envoyer un courrier en recommandé avec AR, l'invitant à justifier son absence et à reprendre son travail dans un délai que vous fixerez et qui devra être au minimum de 15 jours calendaires.

4. Le salarié ne répond pas à la mise en demeure ou ne reprend pas son poste

Si le salarié ne fournit aucun justificatif ou s'il ne reprend pas son poste dans le délai imparti, vous pourrez le considérer comme démissionnaire.

Une évolution importante est en effet intervenue sur ce point puisque auparavant, un salarié ayant abandonné son poste sans justification ne pouvait en aucun cas être considéré comme démissionnaire. Ce n'est plus le cas aujourd'hui : si, après avoir été mis en demeure par l'employeur, il ne reprend pas son poste ou ne justifie pas son absence dans le délai imparti, il est présumé avoir démissionné.

Si le salarié est en CDD, la présomption de démission ne peut pas être invoquée : seule la rupture anticipée du contrat pour faute grave est possible.

5. Le salarié répond à la mise en demeure

Le salarié peut répondre à la mise en demeure et justifier son absence par un motif légitime : raison médicale, exercice du droit de retrait, exercice du droit de grève, refus d'exécuter une instruction contraire à la réglementation, réaction à une modification de son contrat par l'employeur sans qu'il ait donné son accord... La liste n'est pas limitative et l'employeur appréciera la légitimité du motif invoqué. S'il l'estime légitime, il interrompra le processus de présomption de démission. Si, au contraire, il ne l'estime pas légitime et va au bout de la procédure, le salarié pourra saisir le conseil de prud'hommes qui appréciera la validité des justifications avancées. S'il donne raison au salarié, la rupture du contrat sera imputable à l'employeur.

Chapitre 4

Réagir à des violences physiques ou verbales

1. Les violences physiques ou verbales peuvent être sanctionnées

Même si le salarié jouit dans l'entreprise d'une liberté d'expression, il ne peut tenir des propos injurieux envers son manager, ses collègues ou des clients. La sanction peut alors aller jusqu'au licenciement pour faute grave.

Il en est de même en cas de violences physiques commises dans l'entreprise. En revanche, si elles ont lieu en dehors des locaux, elles relèvent en principe de la vie personnelle du salarié et ne peuvent pas être sanctionnées.

Remarque : la faute du salarié peut être amoindrie, voire exclue, en raison de « circonstances atténuantes » comme son ancienneté, l'absence de toute faute antérieure, le contexte au cours duquel les actes ont été commis...

2. Exemples d'injures envers le manager pouvant justifier un licenciement

Qualifier en public son directeur d'agence de « nul et d'incompétent »
Injurier son supérieur hiérarchique et lui jeter des documents à la figure à la suite d'une observation
Menacer en public son dirigeant de lui casser les dents
Traiter son employeur de « connard »

3. Exemples d'injures envers des collègues pouvant justifier un licenciement

Proférer des menaces de mort à l'encontre d'un autre salarié.
Tenir des propos calomnieux, dégradants et sexistes à l'encontre d'une collègue
Proférer des insultes à connotation raciste envers un subordonné et inscrire des mentions à connotation sexuelle sur les fiches d'autres membres du personnel
Traiter publiquement une collègue de « pitbull »

4. Exemples de violences physiques pouvant justifier un licenciement

Participer à une rixe violente ayant entraîné une incapacité de travail.
Participer de façon violente et publique à l'altercation opposant un collègue à son supérieur hiérarchique.
Agresser verbalement sa supérieure hiérarchique et être sur le point de la frapper au moment de l'intervention d'un témoin.
Exercer une contrainte physique envers sa collaboratrice lors d'un entretien d'évaluation, cet incident manifestant la persistance d'un comportement agressif et déplacé du salarié à l'égard de ses subordonnés.

Chapitre 5

Contrôler l'utilisation de l'ordinateur et du téléphone du salarié

1. Autoriser un usage raisonnable d'internet et du téléphone à des fins personnelles

Un usage privé d'internet et du téléphone professionnel sur le lieu de travail peut être admis s'il est raisonnable.

Pour éviter les abus, vous pouvez limiter l'accès à internet à certains créneaux horaires uniquement, durant la pause déjeuner par exemple.

Il est en revanche possible d'interdire l'accès à des sites dont le contenu est illicite ou contraire aux bonnes mœurs.

Il est également possible de limiter, voire d'interdire, l'accès aux réseaux sociaux, aux sites permettant de visionner des vidéos (Youtube, Dailymotion...) ou aux sites de ventes entre particuliers (Leboncoin, Ebay...).

2. Le salarié peut être sanctionné en cas d'abus

Pour savoir si votre salarié se connecte de façon abusive, vous devez tenir compte de la fréquence, de la durée et du moment de connexion, ainsi que de son impact sur le travail fourni ou le fonctionnement de l'entreprise.

La sanction peut aller jusqu'à la faute grave.

Exemples de connexions et d'appels jugés abusifs
41 heures de connexion à internet à des fins non professionnelles sur un mois
Connexion plus de 10 000 fois à des sites non professionnels, sur une période de 18 jours
117 heures passées au téléphone sur une période de 6 mois, le temps de communication étant de 15 heures en moyenne sur la même période, dont 63 heures sur 2 messageries privées et de rencontre entre adultes
Envoi de 178 courriels à des collègues accompagnés de vidéos à caractère sexuel, humoristique, politique ou sportif

Remarque : la connexion à des sites illicites ou contraires aux bonnes mœurs peut être sanctionnée. Dans ce cas le salarié peut également faire l'objet d'une sanction pénale.

3. Seul le contrôle de mails, SMS ou fichiers professionnels est possible

Le salarié est réputé utiliser son ordinateur professionnel pour travailler. Partant de ce principe, vous pouvez prendre connaissance de ses mails, qui sont présumés professionnels, même en son absence.

En revanche, vous ne pouvez pas consulter les messages personnels qu'il a reçus sur son ordinateur professionnel s'ils sont identifiés comme tels. Vous ne pouvez les consulter qu'en sa présence ou s'il en a été averti.

Le même principe s'applique aux fichiers informatiques contenus dans le disque dur de l'ordinateur professionnel, et aux SMS échangés avec le téléphone portable professionnel.

Remarque : seule la mention « personnel » sur les fichiers, SMS ou mails permet de présumer leur caractère non professionnel. Ce n'est pas le cas si le salarié se contente de mettre ses initiales ou son prénom.

Chapitre 6

Imposer ou interdire une tenue vestimentaire

1. Les cas où une tenue vestimentaire peut être imposée au salarié

Vous ne pouvez imposer une tenue vestimentaire que dans les cas suivants :

- si le port d'une tenue de protection s'impose pour des raisons de sécurité ;
- si le salarié doit porter un uniforme ou une tenue particulière pour promouvoir l'image de son entreprise ;
- si le salarié, en contact avec la clientèle, doit revêtir une tenue correcte et adaptée.

En revanche, le salarié qui n'est pas en contact avec la clientèle peut se vêtir comme il le souhaite, dans la mesure où sa tenue est correcte.

Tenues jugées incompatibles avec la fonction
Le port d'un bermuda sous une blouse d'un salarié en contact avec la clientèle
Le port d'un survêtement par la salariée d'une agence immobilière

Tenues jugées correctes
Le port d'un bermuda pour un responsable commercial qui n'est pas en contact avec la clientèle
Le fait pour une salariée de se présenter chez un client en jeans et bottes
Le port de boucles d'oreilles pour le chef de rang d'un restaurant gastronomique

2. Vous pouvez interdire les tenues indécentes

Minijupe, décolleté, vêtements moulants ou transparents peuvent créer un trouble au sein de l'entreprise. Ce trouble sera apprécié en fonction du secteur professionnel, du métier exercé par la personne, notamment l'existence ou non de contact avec la clientèle, des pratiques et tolérances de l'employeur...

Si vous considérez que le trouble est manifeste, vous pouvez recevoir le (ou la) salarié(e) afin de lui demander de changer de tenue.

3. Pouvez-vous interdire le port de signes religieux ?

Non. L'interdiction absolue des signes religieux en entreprise n'est pas permise. Vous ne pouvez interdire le port d'une tenue ou d'un signe religieux que pour des raisons précises et circonstanciées, telles que le respect des règles d'hygiène et de sécurité notamment.

Un salarié ne peut pas par exemple refuser de mettre un casque de chantier au motif que ses convictions religieuses lui interdisent de couper ses cheveux, une chimiste ne peut refuser d'ôter son foulard, un salarié ne peut refuser la visite médicale au motif que sa religion lui interdit de se dévêtir devant une personne du sexe opposé...

Remarque : le règlement intérieur de l'entreprise peut rappeler le principe de neutralité et restreindre la manifestation de convictions politiques ou religieuses. Mais ces restrictions doivent être légitimes et nécessaires au bon fonctionnement de l'entreprise.

4. Et le port de piercings ou de tatouages ?

Si l'un de vos salariés a un tatouage particulièrement visible et qu'il est en contact avec la clientèle, vous pouvez si vous l'estimez nécessaire lui demander d'adapter sa tenue, afin de le cacher.

Concernant les piercings, il a été jugé :

- qu'un restaurateur peut demander à son salarié de retirer son piercing nasal, si cet accessoire est de nature à choquer la clientèle d'affaire et familiale du restaurant ;
- qu'un restaurant implanté dans un centre commercial ne peut imposer à un salarié d'ôter son piercing, puisque les serveurs n'ont pas à revêtir une tenue vestimentaire stricte dans ce type d'établissement ;
- qu'un site touristique peut imposer à l'un de ses salariés revêtant des costumes d'époque de retirer son piercing, celui-ci étant anachronique.

Un représentant du personnel dans votre équipe

Partie 2

Chapitre 1

Gérer les heures de délégation du salarié protégé

1. Le crédit d'heures, qu'est-ce que c'est ?

Afin d'accomplir son mandat, le représentant du personnel doit pouvoir s'absenter de son poste de travail pour assister aux réunions décidées par la direction, participer à la négociation d'accords collectifs, travailler avec les autres élus sur une consultation importante, tenir une permanence auprès des salariés, rencontrer un expert, etc. C'est pourquoi chaque mandat est assorti d'un « crédit d'heures » mensuel (voir « Éléments clés », page 5).

2. Décompter les heures de délégation

Le crédit d'heures est en principe mensuel. Toutefois, le report des heures de délégation non utilisées d'un mois sur l'autre est autorisé pour les membres du comité social et économique (CSE), dans la limite de 12 mois.

Remarque : attention, ce report ne doit pas conduire un membre du CSE à disposer dans le mois de plus d'une fois et demie le crédit d'heures dont il bénéficie.

Le temps passé en réunion à l'initiative de l'employeur, par exemple les réunions du CSE, ne doit pas être déduit du crédit d'heures.

Le crédit d'heures est en principe personnel. Mais les membres titulaires du CSE peuvent répartir entre eux et avec les membres suppléants le crédit d'heures dont ils disposent.

? Renseignez-vous auprès de votre service RH

3. Pas d'accord préalable à la prise d'heures de délégation

Le recours aux heures de délégation est assez libre en pratique. Le représentant du personnel n'a pas à obtenir l'autorisation préalable de sa hiérarchie pour exercer son mandat. Vous n'êtes pas non plus autorisé à exercer un contrôle sur l'usage prévu des heures de délégation.

Ne pas respecter ces règles vous expose personnellement, ainsi que votre entreprise, à des poursuites pénales pour délit d'entrave.

4. Peut-on exiger de l'élu qu'il informe l'employeur avant de prendre ses heures de délégation ?

Oui. Vous pouvez exiger du représentant du personnel qu'il vous informe avant de prendre ses heures de délégation.

Plusieurs systèmes peuvent être utilisés dans ce cadre : avertissement du supérieur hiérarchique au début et à la fin du temps passé à l'exercice des missions de représentation, badgeage, recours à un registre écrit ou à des bons de délégation (v. ci-après).

5. Peut-on exiger de l'élu qu'il respecte un délai de prévenance ?

Oui. Vous pouvez exiger du représentant du personnel qu'il respecte un certain délai de prévenance pour vous informer de son intention de prendre des heures de délégation.

Attention toutefois, le délai de prévenance fixé doit demeurer relativement court, en fonction du degré de responsabilité du salarié et de la nature de son travail. Il peut même être inexistant en cas de mission urgente et imprévue.

Remarque : notons que lorsque les membres du CSE souhaitent reporter ou partager leurs heures de délégation, ils doivent vous en informer au moins huit jours avant la date prévue de leur utilisation.

6. Les bons de délégation : comment ça marche ?

L'information préalable des absences de l'élu prend le plus souvent la forme de « bons de délégation ». Il s'agit concrètement d'un formulaire remis par l'employeur au représentant du personnel qui doit être rempli chaque fois que celui-ci entend faire usage de ses heures de délégation.

Remarque : les logiciels de gestion des temps permettent aux élus de saisir leurs heures de délégation.

En pratique, le bon de délégation comporte le nom du salarié, le mandat au titre duquel les heures de délégation sont prises ainsi que la date et l'heure de départ. L'heure de retour est ajoutée en fin de délégation. Ce système facilite aussi le décompte des heures utilisées.

Remarque : attention ! Vous n'avez pas la possibilité de refuser de délivrer un bon de délégation au motif que le crédit d'heures est épuisé (dans certaines circonstances exceptionnelles, un dépassement est autorisé). Si vous êtes absent, l'élu n'est pas tenu d'attendre votre retour pour exercer son mandat.

Le refus par le salarié de se conformer à la pratique des bons de délégation constitue une faute de sa part qui peut mener jusqu'au licenciement. Il s'agit d'un incident qu'il convient donc de signaler à votre Direction des ressources humaines.

Chapitre 2

Faire passer l'entretien annuel à un représentant du personnel

1. L'entretien d'évaluation annuel s'impose à tous

Lorsqu'il est procédé à des entretiens annuels dans l'entreprise, tous les salariés doivent en bénéficier. Y compris les représentants du personnel.

Assurer à l'élu une évolution salariale équivalente à celle de ses collègues ne suffit pas. La seule absence d'entretien affecte nécessairement les chances de promotion professionnelle. Le salarié peut vous le reprocher et demander une réparation financière.

Remarque : si le représentant du personnel ne veut pas être évalué, son refus de se plier à l'exercice de l'évaluation du travail, ou même le simple fait de ne pas répondre de bonne foi à vos questions, peut être sanctionné. Signalez clairement par écrit ce refus.

2. Le mandat ne doit pas être abordé durant l'entretien !

Si, en raison de son mandat, l'élu ou le militant syndical est peu présent à son poste, votre tâche devient un véritable casse-tête. Il est exclu de renoncer à évaluer le salarié en raison de sa faible disponibilité du fait de ses divers mandats, car cela laisse présumer l'existence d'une discrimination. Vous n'avez donc pas d'autre choix que d'évaluer ses réussites et ses échecs au regard du reliquat de temps dédié à son travail.

Remarque : très souvent, la gestion de l'évolution de carrière des salariés totalement détachés auprès de leur organisation syndicale est directement gérée au sein de la DRH.

Bien évidemment, vous ne devez pas porter un jugement sur la manière dont le mandat est exercé. Plus encore, le mandat ne doit même pas être évoqué lors de l'évaluation professionnelle. Peu importe la manière dont la question est abordée, les magistrats y voient automatiquement une discrimination.

Remarque : à ce jour, les mandats représentatifs ne peuvent être évoqués que s'il a été conclu dans votre entreprise un accord collectif visant à assurer la neutralité ou à valoriser l'exercice d'activités syndicales. L'implication du salarié dans la représentation du personnel ne pourra alors pas être abordée sous un angle négatif.

? Renseignez-vous auprès de votre service RH.

3. Et si l'élu aborde de lui-même ses mandats ?

Face à vos éventuels reproches, il est possible que le salarié avance les contraintes liées à l'exercice de ses fonctions représentatives pour justifier une baisse de productivité. Tenez-vous en aux remarques professionnelles sans aborder le mandat.

Pour autant, il ne faut pas non plus ignorer ses réclamations, ou pire, lui reprocher d'être un élément gênant pour le service. Une solution peut être de proposer un entretien spécifique, éventuellement en présence d'un représentant de la DRH, exclusivement consacré à la redéfinition de la charge de travail.

4. Fixez des objectifs adaptés à la disponibilité du salarié

Comme pour n'importe quel salarié, vos objectifs doivent reposer sur des éléments concrets, objectifs et vérifiables.

Mais il faut en outre, comme vous pourriez être amené à le faire pour un salarié à temps partiel, adapter ces objectifs au regard du temps de présence prévisible du représentant du personnel à son poste de travail. Les objectifs doivent être compatibles avec la tenue du mandat.

Le principe est clair : la mission de représentation du personnel doit être neutre financièrement pour le salarié.

Pour les salariés dont la rémunération comporte une part variable, l'espérance de gain doit être la même.

5. Évolution de carrière : une attention particulière est requise

Être représentant du personnel ne doit pas être un frein à l'évolution de la carrière. Vous devez à tout moment être en mesure de justifier par des critères objectifs les choix que vous avez opérés pour l'évolution de la rémunération et les promotions accordées au sein de votre équipe.

Dans le cadre d'une action en discrimination syndicale, les comptes rendus d'évaluation constituent des éléments de preuve essentiels. Il faut donc les rédiger avec soin.

Remarque : il existe un dispositif national de certification des compétences acquises par les représentants du personnel. Cela leur permet de faire valider les compétences acquises durant leur mandat et d'obtenir un certificat de compétences professionnelles. Vous pouvez donc les informer de l'existence de ce dispositif comme élément de sécurisation de leur parcours professionnel, et prendre en compte les certifications éventuellement acquises dans ce cadre dans votre politique d'évolution de carrière, ou de mobilité par exemple.

6. Un entretien de début et de fin de mandat

Si le représentant du personnel vous le demande, vous devez, au début de son mandat, lui accorder un entretien afin d'aborder avec lui les modalités pratiques d'exercice de son mandat au regard de son emploi.

À l'issue du mandat, vous devez passer avec lui un entretien professionnel (voir guide page 40).

Remarque : si votre entreprise compte moins de 2 000 salariés, vous êtes tenu de proposer un entretien de fin de mandat aux représentants du personnel titulaires et aux titulaires d'un mandat syndical qui disposent d'un certain nombre d'heures de délégation sur l'année. Si votre entreprise compte plus de 2 000 salariés, cet entretien est obligatoire pour tous les représentants syndicaux et titulaires.
? Renseignez-vous auprès de votre service RH.

Chapitre 3

Salarié protégé, un statut particulier

1. Changer les conditions de travail d'un salarié protégé

Avec un salarié « classique », seule la modification d'un élément important du contrat de travail (salaire, durée du travail, qualification, lieu de travail hors du périmètre de mobilité) nécessite l'accord préalable de l'intéressé.

Pour le salarié protégé, cette exigence s'étend aussi au simple « changement des conditions de travail » (horaires de travail, lieu de travail dans le périmètre de mobilité, etc.).

Il est nécessaire de formaliser cette proposition car l'acceptation du salarié protégé doit être expresse. Son accord ne peut pas se déduire de l'absence de protestation de sa part ou de la poursuite du travail aux nouvelles conditions.

Tout changement de poste ou de fonctions imposé à un salarié protégé constitue un délit d'entrave, sauf à prouver la pleine justification de la mesure.

Remarque : attention ! Cela vaut également en cas de sanction disciplinaire modifiant le contrat ou les conditions de travail d'un représentant du personnel (v. ci-dessous).

2. Comment réagir si le salarié s'oppose au changement ?

Si le représentant du personnel manifeste un refus, deux options :

- renoncer à la modification du contrat ou des conditions de travail ;
- demander à l'inspecteur du travail l'autorisation de le licencier.

En principe, le refus par le salarié d'un simple changement des conditions de travail est reconnu fautif par l'administration. S'il s'agit d'une modification du contrat, il faudra alors en expliquer les raisons (motif économique notamment).

? Renseignez-vous auprès de votre service RH.

3. Sanctionner un représentant du personnel

Si vous rencontrez des difficultés avec un représentant du personnel, le premier réflexe doit être de se référer au règlement intérieur de l'entreprise afin de prendre connaissance de l'échelle et de la nature des sanctions qui peuvent être prononcées.

Les règles à respecter diffèrent selon la gravité de la sanction envisagée :

- le « simple » avertissement peut être prononcé librement ;
- les sanctions qui emportent une modification du contrat ou des conditions de travail du représentant du personnel (mutation disciplinaire, rétrogradation disciplinaire) ne peuvent prendre effet qu'après son accord préalable. S'il refuse, il faut renoncer à la sanction ou saisir l'inspection du travail en vue du licenciement ;
- si le licenciement s'impose, cette sanction nécessite impérativement le feu vert préalable de l'inspecteur du travail. Il est bien évidemment interdit de licencier en raison du mandat.

Remarque : attention ! Multiplier les sanctions injustifiées, même sans impact sur le contrat de travail, peut révéler une discrimination syndicale.

4. Gérer « à chaud » un dérapage

Si le salarié protégé fait preuve d'un comportement inacceptable (violence, insultes, etc.), un licenciement sur le champ est tout simplement impossible.

En revanche, une mise à pied « conservatoire » peut s'imposer. Concrètement, il s'agit de renvoyer immédiatement le salarié chez lui, le temps de s'assurer de la réalité des faits et mesurer leur gravité. À l'issue de la période de suspension, s'offre une alternative :

- demander l'autorisation de le licencier à l'inspection du travail ;
- réintégrer le salarié dans son poste. Il faut alors rémunérer les jours de suspension.

Remarque : compte tenu de leur action revendicative, les salariés protégés jouissent d'une liberté d'expression en quelque sorte « renforcée ». Il est en effet admis dans le cadre de l'exercice du mandat, et dans ce cadre uniquement, l'usage d'un ton « vif ». Avant de sanctionner des propos que vous jugeriez excessifs, il est donc utile d'identifier si le salarié s'exprime en tant que représentant du personnel ou comme « simple collaborateur ».

5. Conclure une rupture conventionnelle avec un salarié protégé

Il est possible de conclure une rupture conventionnelle avec un représentant du personnel. La procédure mêle alors les règles de la procédure conventionnelle « classique » et celles de la demande d'autorisation de licenciement. Elle comporte quatre étapes :

- la tenue d'un ou de plusieurs entretiens pour définir les modalités de la rupture. Le salarié peut se faire assister ;
- la consultation du comité social et économique (CSE) si la nature du mandat l'exige ;
- la signature de la convention ;
- l'homologation de la convention par l'inspecteur du travail (et non pas par le Dreets).

Remarque : attention ! Le silence de l'inspecteur du travail ne vaut pas acceptation, mais refus de la demande. Ce refus se constate deux mois après l'introduction de la demande.

Les salariés protégés peuvent également bénéficier des dispositions d'un accord portant rupture conventionnelle collective. Il faudra dans ce cas également demander l'autorisation de l'inspecteur du travail, dans les mêmes conditions que pour le licenciement.

Chapitre 4

Liberté de circulation des représentants du personnel

1. L'élu se déplace librement pendant ses heures de délégation

Les élus du personnel peuvent, tant durant les heures de délégation qu'en dehors de leurs heures habituelles de travail, circuler librement au sein des locaux de l'entreprise et y prendre tous les contacts nécessaires à l'accomplissement de leur mission.

Remarque : le représentant du personnel peut, dans ce cadre, solliciter un salarié à son poste de travail. Une limite est toutefois posée : il ne doit pas apporter une gêne importante à l'accomplissement du travail des salariés.

Ils sont également libres de se déplacer hors de l'entreprise. Cette liberté de circulation s'applique également en cas de grève.

2. Quel rôle alors pour le manager ?

Vous ne pouvez pas exercer un contrôle sur les modalités de déplacement des élus, ni leur interdire l'accès aux locaux du service.

Vous ne devez pas non plus faire obstacle à un libre-échange entre les membres de votre équipe et leurs représentants, dès l'instant que cela n'apporte pas de gêne importante à l'accomplissement du travail. Des restrictions d'accès peuvent ainsi être mises en place en cas d'agissements abusifs de la part des représentants du personnel, mais celles-ci doivent toujours être justifiées et proportionnées aux abus constatés.

Remarque : il ne s'agit pas pour autant de permettre un « meeting syndical » improvisé. D'autant plus que la distribution de tracts au sein des locaux de l'entreprise est en principe restreinte aux heures d'arrivée et de sortie du personnel.

3. Préserver la sécurité ou la confidentialité

Un problème se pose parfois dans les entreprises où, pour des raisons de sécurité ou de confidentialité, l'entrée de certains ateliers ou services est réservée aux seuls salariés qui y travaillent ou à certaines personnes habilitées, le contrôle s'effectuant le plus souvent au moyen de badges ou codes d'accès. Dans un tel cas, votre direction doit mettre en place une procédure pour permettre aux élus d'accéder à ces zones et au personnel qui y travaille.

En tout état de cause, en tant que responsable d'une de ces zones, vous ne disposez d'aucun droit de regard sur l'opportunité de la demande d'accès et devez faire droit à celle-ci après avoir procédé aux vérifications prévues.

Partie 13

Maîtriser les différents modes de rupture du CDI

Chapitre 1

Maîtriser les différents modes de rupture du CDI

	Initiative de la rupture	Versement d'une indemnité de rupture	Exécution d'un préavis	Droit aux allocations de chômage
Licenciement	Employeur	Oui sauf faute grave ou lourde	Oui sauf faute grave ou lourde ou dispense par l'employeur	Oui
Démission	Salarié	Non	Oui sauf dispense	Non sauf démission légitime ou réexamen après 121 jours
Prise d'acte	Salarié	Oui si justifiée Non si injustifiée	Non (mais possible)	Oui si justifiée Non si injustifiée
Résiliation judiciaire	Salarié	Oui si justifiée Non si injustifiée	Non	Oui si justifiée Non si injustifiée
Rupture conventionnelle	Employeur et salarié	Oui	Non (mais possible)	Oui
Départ à la retraite	Salarié	Oui	Oui	Non
Mise à la retraite	Employeur	Oui	Oui	Non

Chapitre 2

Connaître les principaux motifs de licenciement

1. Quels sont les principaux motifs personnels de licenciement ?

Outre la faute du salarié, un certain nombre de motifs peuvent conduire l'employeur à vouloir se séparer d'un salarié.

Le plus souvent, il s'agira de ce qu'on appelle une insuffisance professionnelle : concrètement, le salarié n'a commis aucune faute mais n'exécute pas son travail de manière satisfaisante, est négligent ou commet des erreurs.

Il se peut également qu'une mésentente ou qu'une incompatibilité d'humeur (entre employeur et salarié ou entre salariés) contraigne l'employeur à se séparer de la personne à l'origine de ce genre de perturbations.

Quelle que soit l'hypothèse dans laquelle vous pouvez vous trouver, il faut impérativement que les motifs, les raisons qui poussent l'entreprise à licencier le salarié soient sérieux, réels et objectifs.

L'employeur doit donc être en mesure d'apporter tous les éléments possibles (mails, courriers, dossiers…) permettant de justifier la procédure engagée contre le salarié.

Remarque : ces motifs seront exposés au salarié en premier lieu au cours de l'entretien préalable au licenciement. Le salarié pourra à cette occasion se défendre et les contester. Ces motifs devront également être listés noir sur blanc dans la lettre de licenciement, le plus précisément possible, voire être détaillés si le salarié le demande. En cas de contentieux, ils seront examinés et vérifiés par les juges.
? Renseignez-vous auprès de votre service RH.

2. Qu'appelle-t-on un licenciement disciplinaire ?

Il s'agit d'un licenciement motivé par une faute du salarié. Cette faute peut être simple, grave ou lourde.

La faute simple est celle qui, tout en justifiant le licenciement, n'empêche pas le salarié de rester au sein de l'entreprise pour effectuer son préavis (même si l'employeur peut toujours lui proposer de ne pas l'exécuter).

La faute grave, en revanche, implique le licenciement du salarié « sur-le-champ », c'est-à-dire sans préavis.

La faute grave ne peut donc pas être prononcée lorsque :

- l'employeur a accepté que le salarié exécute son préavis, même sous un contrôle particulièrement strict ;

- l'employeur reconnaît expressément au salarié son droit à préavis, même s'il a été dispensé de l'exécuter.

La faute lourde, plus grave encore, révèle l'intention de nuire du salarié.

Exemples de motifs pouvant justifier un licenciement pour faute
Absence injustifiée ou non autorisée, retards
Concurrence déloyale
Critiques, accusations, dénigrement
Fautes professionnelles
Harcèlement sexuel ou moral
Indiscipline, insubordination
Indiscrétion, divulgation des secrets de l'entreprise
Infraction aux règles relatives à l'hygiène et à la sécurité
Injures, insultes, menaces
Ivresse, intempérance, consommation d'alcool
Violences physiques
Vol, détournement, usage de faux

3. L'employeur ne peut pas licencier un salarié si la faute commise est trop ancienne

L'employeur ne peut pas licencier un salarié pour faute lorsqu'il a eu connaissance des faits reprochés au salarié plus de 2 mois avant d'engager la procédure de licenciement, c'est-à-dire plus de 2 mois avant la convocation à l'entretien préalable au licenciement.

Remarque : par exemple, si l'employeur peut prouver qu'il n'a eu connaissance d'un détournement de clientèle de la part du salarié que le 1er septembre, alors que les faits s'étaient produits au mois de juillet, il aura 2 mois à compter du 1er septembre pour convoquer le salarié à un entretien préalable à son éventuel licenciement.

Après ce délai, l'employeur ne peut plus engager la procédure de licenciement pour faute.

Remarque : néanmoins, ce délai de prescription ne s'applique pas notamment dans l'hypothèse où des poursuites pénales seraient engagées contre le salarié.

4. L'employeur ne peut pas licencier un salarié pour une faute déjà sanctionnée

L'employeur ne peut pas, en principe, licencier un salarié en raison d'une faute qu'il a déjà sanctionnée :

- soit par une mesure disciplinaire « lourde » impliquant une réduction du salaire, comme par exemple une mise à pied disciplinaire ;
- soit même par une sanction qui est sans incidence (du moins directe ou immédiate) sur le salaire, comme un avertissement.

Une exception toutefois : la faute ayant déjà été sanctionnée peut justifier un licenciement si elle vient par la suite à se répéter ou à se poursuivre malgré la première sanction.

Remarque : attention ! Si l'employeur s'est placé sur le terrain disciplinaire, c'est-à-dire s'il a prononcé un licenciement pour faute et si les juges constatent qu'aucune faute n'est établie, le licenciement sera injustifié. Il faut donc être certain, avant de se lancer dans une procédure de licenciement disciplinaire, que le fait reproché sera bien considéré comme fautif par les juges.

5. Exemples de motifs ne pouvant jamais justifier un licenciement

Certains motifs ne peuvent jamais justifier un licenciement. C'est le cas des actes considérés comme des libertés fondamentales (par exemple l'exercice du droit de grève, sauf si le salarié commet à cette occasion une faute lourde) ou plus simplement des actes constituant l'exercice d'un droit pour le salarié (comme le droit de refuser de passer d'un temps plein à un temps partiel). L'employeur ne peut pas non plus licencier un salarié pour un motif jugé discriminatoire. Le tableau ci-dessous recense les principaux motifs à prohiber absolument.

Exemples de motifs ne pouvant pas justifier un licenciement
Exercice légitime par le salarié de son droit de retrait
Action en justice d'un salarié pour faire respecter ses droits
Grève
Témoignage d'un salarié sur un harcèlement
Déclaration ou témoignage de bonne foi d'un salarié sur des faits de corruption dont il a eu connaissance dans l'exercice de ses fonctions
Révélation ou témoignage de bonne foi d'un salarié de faits constitutifs d'un délit ou d'un crime dont il a eu connaissance dans l'exercice de ses fonctions

Exemples de motifs ne pouvant pas justifier un licenciement
Motif discriminatoire (origine ; sexe ; mœurs ; orientation sexuelle ; identité sexuelle ; âge ; situation de famille ; grossesse ; caractéristiques génétiques ; particulière vulnérabilité résultant de sa situation économique apparente ou connue ; appartenance ou non-appartenance à une ethnie, une nation ou une race ; opinions politiques ; activités syndicales ou mutualistes ; exercice d'un mandat électif local ; convictions religieuses ; nom de famille ; lieu de résidence ou de domiciliation bancaire ; apparence physique ; état de santé, perte d'autonomie ou handicap, capacité à s'exprimer dans une langue autre que le français...)
Liberté d'expression non abusive
Témoignage en justice de bonne foi
Fait issu de la vie privée sans manquement contractuel, sans trouble caractérisé pour l'entreprise et ne se rattachant pas à la vie professionnelle
Dénonciation d'actes de maltraitance dans les établissements et services sociaux et médico-sociaux
Refus de passer d'un temps plein à un temps partiel

6. Certains salariés bénéficient d'une protection particulière contre le licenciement

Les salariés représentants du personnel ne peuvent pas faire l'objet d'un licenciement, individuel ou collectif, sans l'autorisation de l'inspecteur du travail, pendant toute la durée de leur mandat et au-delà.

Les femmes enceintes et les salariés victimes d'un accident du travail ou d'une maladie professionnelle bénéficient également d'une protection particulière contre le licenciement. Ils ne peuvent pas être licenciés pendant les périodes de suspension de leur contrat de travail, sauf :

- faute grave non liée à leur état de santé ;
- impossibilité de maintenir leur contrat de travail pour un motif étranger à l'accident ou à l'état de grossesse (principalement en raison de difficultés sérieuses d'ordre économique).

Remarque : en ce qui concerne les femmes enceintes, le licenciement est interdit, sauf exceptions ci-dessus, non seulement pendant les périodes de suspension de leur contrat mais également pendant les 10 semaines qui suivent la fin de ces périodes. Si la salariée prend des congés payés immédiatement à la suite de son congé de maternité, le point de départ de cette période de 10 semaines est décalé à la date de reprise du travail. Les salariés bénéficiant d'un congé d'adoption bénéficient également d'une protection contre le licenciement, sauf faute grave ou impossibilité de maintenir le contrat de travail pour un motif étranger à l'adoption. Le père est également protégé contre le licenciement pendant les 10 semaines suivant la naissance.

7. Licencier un salarié refusant une modification de son contrat

En vertu de son pouvoir de direction, l'employeur peut modifier les conditions de travail d'un salarié (par exemple lui imposer une nouvelle répartition des horaires de travail au sein de la journée sans changement de la durée du travail). Le refus du salarié de se soumettre à ce changement est constitutif d'une faute, voire d'une faute grave.

En revanche, si l'employeur entend modifier non pas les conditions de travail du salarié mais le contrat de travail lui-même (notamment modifier la durée du travail du salarié, sa rémunération, ses responsabilités...), il ne peut pas lui imposer cette modification.

Si le salarié la refuse, l'employeur a deux options :

- soit il renonce à la modification ;
- soit il licencie le salarié, sous réserve de disposer d'un motif valable.

Chapitre 3

Se voir remettre ou présumer une démission

1. La démission nécessite une volonté claire et non équivoque du salarié...

La démission est la manifestation claire et dénuée de toute ambiguïté du salarié de mettre fin à son contrat de travail, c'est-à-dire de quitter définitivement l'entreprise.

Remarque : un salarié lié par un contrat à durée déterminée n'a pas la possibilité de démissionner, sauf accord de l'employeur ou proposition d'embauche à durée indéterminée.

La démission n'a pas à être acceptée par l'employeur. Le salarié a le droit de démissionner à tout moment.

2. ... à moins que le salarié soit présumé démissionnaire

La présomption de démission permet de considérer comme démissionnaire le salarié ayant volontairement abandonné son poste et n'ayant pas justifié son absence ou n'ayant pas repris son poste après avoir été mis en demeure de le faire par l'employeur. Ce dispositif se veut dissuasif, le salarié perdant ainsi le bénéfice éventuel d'une indemnisation chômage. Il s'agit toutefois d'une présomption simple pouvant être renversée par le salarié.

3. La démission n'est soumise à aucun formalisme particulier

Elle peut résulter de l'envoi d'une lettre de démission, voire d'une annonce verbale. Si la loi n'impose aucune forme pour démissionner, la volonté du salarié doit toutefois être dénuée de toute ambiguïté (à moins que le salarié fasse l'objet d'une procédure de présomption de démission). Il est donc préférable de demander au salarié annonçant sa volonté de démissionner de le confirmer par écrit.

Remarque : attention ! Le salarié qui a démissionné pourra ultérieurement demander soit l'annulation de sa démission au motif que son consentement a été vicié (c'est-à-dire qu'il n'était pas « libre et éclairé »), soit sa requalification en prise d'acte de la rupture s'il estime qu'elle est la conséquence d'un comportement fautif de l'employeur.

Si la volonté de démissionner est clairement établie, la rétractation ultérieure du salarié n'a en principe pas d'effet. L'employeur n'est pas tenu de l'accepter. Toutefois, en cas de contentieux, cette rétractation est parfois prise en compte par les juges pour apprécier le caractère équivoque de la démission.

Remarque : si le salarié n'a pas démissionné de façon claire et non équivoque mais fait l'objet d'une mise en demeure dans le cadre de la procédure de présomption de démission faisant suite à un abandon de poste volontaire, il peut justifier son absence en invoquant et précisant un motif légitime. S'il ne répond pas à la mise en demeure et ne reprend pas son poste, il sera considéré comme étant démissionnaire. Il pourra renverser cette présomption de démission devant le conseil de prud'hommes.

4. Le salarié doit en principe exécuter un préavis

Sauf dans certaines circonstances (par exemple démission d'une salariée enceinte exemptée de préavis), le préavis, lorsqu'il est prévu, doit être effectué. À défaut, l'employeur peut en réclamer le paiement devant le juge.

Toutefois le salarié peut en être dispensé :

- à sa demande et après acceptation de l'employeur (il ne pourra alors pas prétendre à l'indemnité de préavis).
- à la seule initiative de l'employeur : celui-ci doit, dans ce cas, lui verser l'indemnité de préavis.

Remarque : sauf cas particuliers (assistants maternels, VRP, journalistes), la loi ne fixe pas la durée du préavis et prévoit simplement qu'elle est déterminée par la convention ou l'accord collectif de travail applicable, ou par les usages en vigueur dans la localité ou la profession. Le contrat peut prévoir un préavis plus court que le préavis conventionnel, mais pas plus long.

? Renseignez-vous auprès de votre service RH.

---

5. Le salarié démissionnaire a droit à une indemnité de congés payés

Le salarié démissionnaire a droit à une indemnité compensatrice de congés payés. La dispense de préavis par l'employeur ne doit entraîner aucune diminution de l'indemnité de congés payés que le salarié aurait perçue s'il avait accompli son travail.

6. Situation du salarié à la fin du contrat

À l'issue du contrat, lorsque le préavis est achevé, le salarié est libre de tout engagement vis-à-vis de son employeur. Toutefois, certaines obligations particulières peuvent encore s'appliquer : tel est le cas lorsque le contrat contient par exemple une clause de non-concurrence ou une clause de dédit-formation.

7. La question des allocations chômage

La démission n'ouvre pas droit à une indemnisation au titre de l'assurance chômage sauf si elle est considérée comme légitime : démission pour suivre son conjoint qui occupe un nouvel emploi, en cas de non-paiement des salaires, etc. Désormais, le droit aux allocations chômage est aussi ouvert à un salarié qui démissionne pour se reconvertir ou réaliser un projet professionnel.

Toutefois, en cas de démission pour un motif autre que ceux considérés comme légitimes par le régime d'assurance chômage, il est possible d'obtenir une indemnisation 4 mois après la fin du contrat. Il faut pour cela être en mesure de prouver une recherche active d'emploi pendant ce délai et saisir l'instance paritaire régionale qui siège auprès de chaque direction régionale de Pôle emploi. Au vu des efforts fournis pour retrouver un emploi, cette instance décidera d'attribuer ou non les allocations.

Chapitre 4

Comprendre la prise d'acte de la rupture

1. Qu'est-ce que la prise d'acte ?

Le salarié peut prendre acte de la rupture de son contrat lorsqu'il estime que l'employeur ne respecte pas ses obligations, qu'il a commis des manquements graves qui le contraignent à rompre son contrat. Prendre acte de la rupture du contrat consiste, pour le salarié, à quitter l'entreprise, à rompre son contrat de travail tout en reprochant à son employeur d'avoir provoqué son départ. Le contrat est considéré comme rompu le jour même de la prise d'acte.

Le salarié doit ensuite saisir le conseil de prud'hommes qui a, en principe, un mois pour décider si cette prise d'acte est ou non justifiée. Les juges rechercheront si les manquements de l'employeur étaient « suffisamment graves pour empêcher la poursuite du contrat de travail » du salarié.

2. Elle n'est soumise à aucun formalisme particulier

La prise d'acte n'est soumise à aucun formalisme. Elle peut être envoyée par lettre simple, recommandée ou encore remise en main propre. Elle peut également être présentée par l'avocat d'un salarié au nom de celui-ci. Dans ce cas, l'avocat doit adresser la prise d'acte directement à l'employeur, et non au conseil de prud'hommes, sinon elle sera requalifiée en « demande de résiliation judiciaire du contrat aux torts de l'employeur ».

Remarque : la demande de résiliation judiciaire du contrat par le salarié permet à celui-ci de demander au conseil de prud'hommes de prononcer la résiliation judiciaire du contrat aux torts de l'employeur. Ce n'est donc pas le salarié qui rompt le contrat mais éventuellement les juges, s'ils estiment que la demande du salarié est fondée. Contrairement à la prise d'acte, le contrat n'est pas rompu tant que les juges n'ont pas statué, ce qui peut prendre plusieurs mois. Pendant ce temps, le salarié continue d'exécuter son contrat de travail.

3. Elle produit les effets soit d'un licenciement injustifié, soit d'une démission

Lorsqu'un salarié prend acte de la rupture de son contrat de travail, cette rupture produit les mêmes effets qu'un licenciement injustifié si les faits invoqués sont fondés, ou, dans le cas contraire, les effets d'une démission. C'est au juge de déterminer si les faits invoqués justifient ou non la rupture du contrat.

Remarque : pour que la prise d'acte soit justifiée, les manquements reprochés à l'employeur doivent empêcher la poursuite du contrat de travail : il doit donc s'agir d'un « manquement suffisamment grave » et récent. Si un doute subsiste, il profite à l'employeur car c'est au salarié de prouver la gravité des manquements de l'employeur.

4. Les actes de l'employeur postérieurs à la prise d'acte sont sans incidence

Dès lors que le salarié a pris acte de la rupture de son contrat, la rupture prend effet immédiatement. Le salarié ne peut pas se rétracter et l'employeur n'a pas à le licencier puisque le contrat est déjà rompu.

5. Ce à quoi le salarié peut prétendre s'il obtient gain de cause

Si les griefs invoqués sont fondés, la prise d'acte produit les effets d'un licenciement sans cause réelle et sérieuse (ou nul dans certaines hypothèses limitativement prévues). L'employeur est alors condamné à verser au salarié :

- l'indemnité compensatrice de préavis et les congés payés afférents, même si le salarié a été dispensé, à sa demande, d'exécuter un préavis, a été en arrêt maladie pendant la moitié du préavis ou était en arrêt maladie au moment de la rupture ;
- le cas échéant, une indemnité de licenciement (légale ou conventionnelle) ;
- des dommages et intérêts pour licenciement injustifié (ou nul) ;
- éventuellement, des dommages et intérêts supplémentaires si les circonstances qui ont conduit le salarié à prendre acte de la rupture caractérisent un abus de l'employeur (ex. : mesures vexatoires) ;
- des intérêts, au taux légal, qui courent à compter de la prise d'acte.

Si la prise d'acte est justifiée, le salarié pourra également prétendre au versement d'allocations de chômage.

Remarque : en revanche, cette rupture n'ouvre pas droit à l'indemnité pour non-respect de la procédure de licenciement car il ne s'agit pas d'un licenciement.

En plus des indemnités ci-dessus, s'il s'agit d'un salarié protégé, celui-ci peut obtenir une indemnité forfaitaire pour violation de son statut protecteur. En revanche, bien que la prise d'acte produise dans son cas les effets d'un licenciement nul, il ne peut pas demander à être réintégré dans l'entreprise.

6. Ce à quoi le salarié s'expose si sa prise d'acte est injustifiée

Si les griefs invoqués par le salarié sont infondés, la prise d'acte produit les effets d'une démission.

Dans ce cas, le salarié devra verser l'indemnité correspondant au préavis qu'il n'a pas exécuté, si l'employeur en réclame le paiement, même en l'absence de tout préjudice.

Le salarié peut aussi être condamné à des dommages et intérêts si la prise d'acte s'est accompagnée d'un comportement déloyal créant un préjudice pour l'employeur, tel qu'un détournement de clientèle.

Si la prise d'acte est injustifiée, le salarié ne pourra pas prétendre au versement d'allocations de chômage.

Chapitre 5

Envisager une rupture conventionnelle

1. Qu'est-ce que la rupture conventionnelle ?

La rupture conventionnelle permet à l'employeur et au salarié de convenir de mettre fin au contrat de travail et de définir les conditions de la rupture. Ce n'est ni une démission ni un licenciement. Elle nécessite une convention signée par l'employeur et le salarié, homologuée par la direction régionale de l'économie, de l'emploi, du travail et des solidarités (Dreets).

Remarque : lorsque le salarié concerné est protégé (représentant du personnel, conseiller prud'homal...), il ne s'agit pas d'une homologation par la Dreets, mais d'une autorisation par l'inspecteur du travail.

---

2. Qui est concerné par la rupture conventionnelle ?

Les entreprises privées de toutes tailles, quels que soient le secteur d'activité et la forme juridique, peuvent avoir recours à la rupture conventionnelle. Tous les salariés sous contrat de travail à durée indéterminée sont concernés, y compris les représentants du personnel.

Remarque : les mandataires sociaux, les salariés sous CDD et les apprentis ne peuvent donc pas conclure ce type de rupture.

3. Dans quels cas la rupture conventionnelle est-elle proscrite ?

On a pu penser pendant un temps qu'il n'était pas possible de conclure une rupture conventionnelle avec un salarié bénéficiant d'une protection particulière (c'est-à-dire durant un congé de maternité, pendant un arrêt de travail consécutif à un accident professionnel, etc.).

Aujourd'hui les tribunaux acceptent que ce mode de rupture soit utilisé avec ces salariés. Mais pour cela, il faut impérativement qu'aucune fraude à la loi et qu'aucun vice du consentement ne soient constatés. Si ces 2 conditions sont réunies, il est possible de conclure une rupture conventionnelle avec un salarié en arrêt de travail suite à un accident du travail ou à une maladie professionnelle, avec une femme en congé de maternité, avec un salarié déclaré apte avec réserves ou encore avec un salarié déclaré inapte.

Mais dès l'instant que les juges considèrent que l'employeur a contraint ou fait pression sur le salarié pour qu'il signe, la nullité de la rupture conventionnelle est prononcée.

Soyez vigilants sur ce point.

4. Peut-on signer une rupture conventionnelle si un différend existe entre l'employeur et le salarié ?

Oui. L'existence d'un différend entre le salarié et l'employeur n'interdit pas une rupture conventionnelle, dès lors que l'une des parties ne l'impose pas à l'autre. Là encore, seul compte le consentement des parties, et en particulier celui du salarié. Son consentement doit donc être libre. Aucune menace, pression ou contrainte ne doit être exercée contre lui pour qu'il signe sa rupture.

Il est même admis qu'un employeur renonce à un licenciement pourtant déjà notifié au salarié, avec l'accord de ce dernier, pour conclure une rupture conventionnelle. Ou encore, qu'une rupture conventionnelle soit conclue au cours d'un entretien préalable à un licenciement disciplinaire.

Finalement, l'élément déterminant, pour qu'une rupture conventionnelle soit valable est, outre l'absence de fraude à la loi, le consentement libre et éclairé du salarié.

5. Concrètement, comment procéder ?

L'employeur et le salarié décident du principe et des modalités de la rupture conventionnelle au cours d'un ou plusieurs entretiens.

Lorsqu'ils sont tombés d'accord, ils complètent la « convention de rupture amiable » incluse dans l'imprimé officiel qui définit les conditions de la rupture, en particulier la date de fin de contrat et le montant de l'indemnité de rupture (en ajoutant si besoin une annexe). Ils datent et signent l'imprimé rempli.

Il faut ensuite attendre 15 jours calendaires. Ce délai de réflexion permet aussi bien à l'employeur qu'au salarié de changer d'avis et de se rétracter.

Remarque : c'est notamment l'absence de rétractation du salarié pendant ce délai de réflexion qui permet aux juges de considérer que le consentement du salarié a bien été donné en toute conscience.

Si, à la fin de ce délai de 15 jours, personne ne s'est rétracté, la convention peut être télétransmise à la Dreets pour être « homologuée ».

La Dreets dispose à son tour d'un délai de 15 jours (ouvrables cette fois-ci) pour homologuer la convention.

Si, à la fin de ce délai de 15 jours, la Dreets n'a pas refusé l'homologation, le contrat est rompu automatiquement à la date fixée sur la convention.

6. Quel est le coût d'une rupture conventionnelle pour l'entreprise ?

L'entreprise verse au salarié, en plus des sommes auxquelles il a droit en cas de départ (salaires et primes restant à percevoir, solde de congés payés...), une indemnité spécifique de rupture, dont le montant est négocié avec le salarié. Elle ne doit pas être moins élevée que l'indemnité légale ou conventionnelle de licenciement. Elle peut être plus importante.

L'entreprise paie également une contribution égale à 30 % du montant de l'indemnité spécifique de rupture pour sa part non-soumise à cotisations sociales.

7. Quel est l'intérêt pour l'entreprise et le salarié ?

Du point de vue de l'entreprise, la rupture conventionnelle permet de rompre le contrat sans avoir à préciser par écrit les motifs de la rupture, ce qui peut aider à se séparer en bons termes. Elle limite, en principe, le risque de contentieux, bien que le salarié conserve le droit de contester la rupture de son contrat en justice (pendant un an) et de réclamer éventuellement un dédommagement.

La rupture conventionnelle permet au salarié de bénéficier des allocations chômage et de percevoir l'indemnité spécifique de rupture versée par l'entreprise.

Table alphabétique

A

Absences injustifiées : 127

Absences pour maladie : 95

Accident du travail : 106

Alcool au travail : 125

Augmentation de salaire : 62

B

Bilan de compétences : 32

Bons de délégation : 138

C

CDD : 12

Compte personnel de formation (CPF) : 27

Congé maternité : 86

Congé parental : 86

Congés payés : 83

Congés pour mariage, naissance ou décès : 5, 86

Consignes de sécurité : 105

Contrat d'apprentissage : 12

D

Dates de congés : 84

Délégation de pouvoirs : 103

Démission : 154

Discrimination : 42

Drogues : 125

Droit de retrait : 108

Durée du travail : 74

E

Égalité hommes-femmes : 63

Entretien : 33
- annuel à un représentant du personnel : 139
- annuel d'évaluation : 35
- de mobilité : 41
- de recadrage : 45
- forfait jours : 38
- professionnel : 40

F

Forfait en heures : 76

Forfait en jours : 74

Formation : 25

Fouille du vestiaire ou du salarié : 126

Frais professionnels : 67

H

Harcèlement : 113

Heures de délégation : 137

Heures supplémentaires : 72

Horaires de travail : 71

I

Inaptitude : 98

Injures : 129

Intégration du nouvel embauché : 19

Intérim : 12

J

Jour férié : 79

L

Licenciement : 150

M

Maladie : 95

Messagerie professionnelle (contrôle) : 132

P

Pénibilité : 105

Période d'essai : 20

Préavis : 4

Primes : 65
Prise d'acte de la rupture : 157

R

Représentant du personnel : 135
Retards : 127
RGPD : 45
Rupture conventionnelle : 159

S

Salaires : 61
Salariés protégés : 142
Sanction disciplinaire : 123
Santé et sécurité : 101
Stagiaire : 16
Stress : 113

T

Télétravail : 51
Temps partiel : 77
Tenue vestimentaire : 132
Travail temporaire : 12

V

Violences physiques ou verbales : 129

Ce guide a été rédigé par la rédaction sociale des Éditions Législatives

Françoise ANDRIEU, secrétaire générale de rédaction du Dictionnaire Permanent social

Éléonore BARRIOT, chef de rubrique du Guide Paie

Karima DEMRI, chef de rubrique du Dictionnaire Permanent social

Delphine de SAINT REMY, rédactrice en chef adjointe du Guide gestion et administration des ressources humaines

Catherine EHLERT, rédactrice en chef du Dictionnaire Permanent social agricole

Marie EXCOFFIER, rédactrice en chef du Guide gestion et administration des ressources humaines

Julien FRANÇOIS, chef de rubrique au Dictionnaire Permanent conventions collectives

Nathalie LEBRETON, rédactrice en chef du Dictionnaire Permanent social

Florence MEHREZ, rédactrice en chef actuEL-RH.fr

Sophie PICOT-RAPHANEL, rédactrice en chef du Guide formation professionnelle continue

Directeur de la Rédaction sociale : Dominique LE ROUX

Achevé d'imprimer en août 2023
Par CHIRAT
42540 St-Just-la-Pendue
sur papier couché 1/2 mat Magno Silk 115 g
N° d'imprimeur : 202307.0049
Dépôt légal : août 2023

PEFC 10-31-1895